パリ2000年の歴史を歩く

花の都を彩った主役たちの人間模様

大島信三

芙蓉書房出版

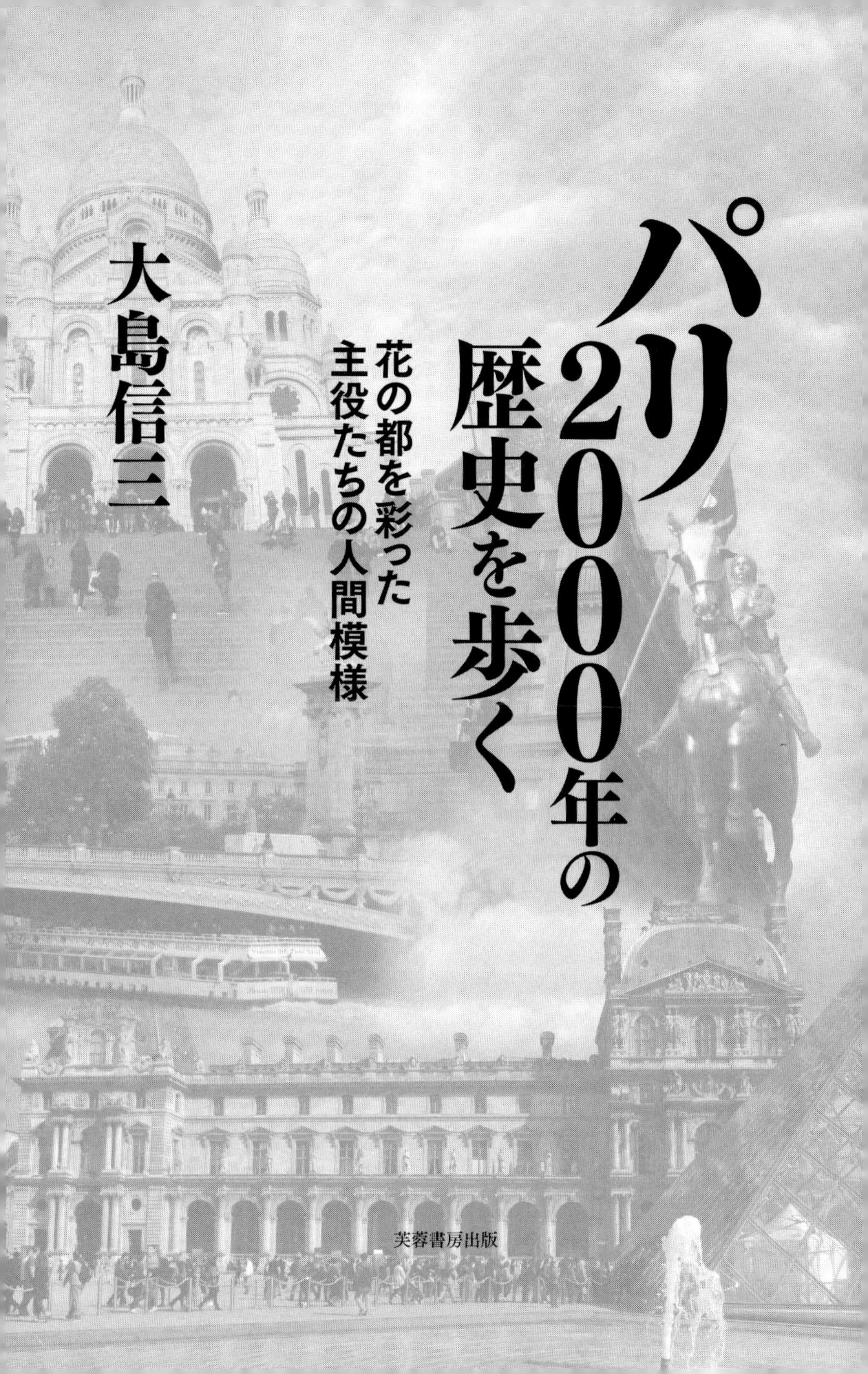

パリの守護聖人ジュヌヴィエーヴの細長い石像

5世紀から6世紀にかけて、パリはいくたびか近郊のナンテールに生まれたこの修道女ジュヌヴィエーヴに救われた。

アラブ世界研究所の屋上から見たパリの守護聖人ジュヌヴィエーヴの石像（右下）。セーヌ川にかかるトゥルネル橋のたもとに立つ。聖女の住まいはシテ島にあったと伝わる。シテ島といえば、2019年春、火災に見舞われたノートルダム大聖堂（裏側）が写真のような姿に戻る日を辛抱強く待ちたい。

パリの守護聖人が埋葬されたといわれる左岸の一帯はジュヌヴィエーヴの丘と呼ばれ、この地には聖女をまつるサンテティエンヌ・デュ・モン教会やパンテオン、アンリ4世校、クロヴィスの塔が建ち並ぶ。教会前の広場は学生らの憩いの場だ。

村娘ジャンヌ・ダルクの勇姿と祈り

軍旗を掲げる馬上のジャンヌ・ダルクは颯爽としてカッコいい。ルーヴル美術館の近く、ピラミッド広場のジャンヌ・ダルク像だ。17歳のオルレアンの村娘が、あれよあれよという間に戦闘軍団の指揮をとっていた。15世紀、彼女はパリを解放するためにこの街へ進撃したが、負傷してしまった。金色の騎馬像のような、輝ける日々はそう長くはなかった。

ノートルダム大聖堂のジャンヌ・ダルク像。教会内陣のジャンヌは、軍旗こそいだくが慈愛に満ちた祈りの姿となる。

夕暮れどき、ふたたびピラミッド広場を通りかかった。うしろから見たジャンヌ・ダルクの躍動感のある姿にあらためて騎馬像作者の力量を感じた(作者については本文参照)。

ルーヴルから ヴェルサイユへ

チュイルリー公園から見たルーヴル美術館。美術館となってからルーヴルは着実に不動の地位を固めていったが、宮殿としてのルーヴルは長い間、まことに不安定な存在であった。1682年にルイ14世はヴェルサイユへ移り、やがてルーヴルは見る影もなく廃れていく。手前のマイヨールの彫刻群はこの公園の人気スポットで、数か所に点在する。

ヴェルサイユ宮の「水の前庭」。ヴェルサイユをおとずれた外国の使節らは、宮殿の鏡の回廊や大庭園のスケールの大きさに度肝を抜かれた。にもかかわらずトイレは極端にすくなく、紳士淑女はこの美しい園内でひそかに用を足していたのだろう。

ヴェルサイユ宮はルイ14世、ルイ15世のもとで繁栄を謳歌した。それは二人の王の愛人たちの時代でもあった。彼女らは世間の批判を一身に浴びて、結果としてブルボン家の防波堤となっていた。

マリー・アントワネットのプティ・トリアノン

アントワネットのプティ・トリアノン。ヴェルサイユ宮から1500メートルほど離れたところにある。王妃のいわば隠れ家だ。絢爛豪華な宮殿に比べれば、ごくありふれた館が、革命期には世間から厳しい批判を浴びた。

プティ・トリアノンの庭園にあるあずまや。王妃の密会の場でもあったのか、「愛の殿堂」と呼ばれている。白大理石の12本のコリント式円柱が丸天井を支え、なかなかロマンチックな風情である。

アントワネットはプティ・トリアノンに隣接する「小さな村里」をつくった。王妃の人生で最も充実していたのは、この時期かもしれない。

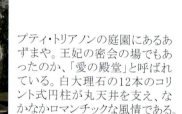

ナポレオンと
ジョゼフィーヌの
マルメゾン宮

パリ郊外のマルメゾン宮。ナポレオンが最もやすらぎを得たのは、おそらくこの小宮殿であろう。ジョゼフィーヌが皇妃になる前に自分で気に入った物件を探して購入し、終の棲家とした。

マルメゾン宮のナポレオンの寝室。ナポレオンはしばしばチュイルリー宮を抜け出して、ここで英気を養った。

マルメゾン宮の裏庭。ジョゼフィーヌといえばバラ園だが、熱中したのはバラとハンサムな年下男性だけではなく、彫刻や絵画のコレクションもけっこう多い。巷間伝わるように、おしゃれに時間を浪費していたわけではなかった。

シャン・ド・マルス公園という歴史の舞台

シャン・ド・マルス公園はもともと練兵場であった。公園を挟んでエッフェル塔と向かい合う位置に旧陸軍士官学校の建物が現存している。式典の場でもあったシャン・ド・マルスはしばしば歴史の舞台となり、またパリ万国博覧会の会場にもなっている。

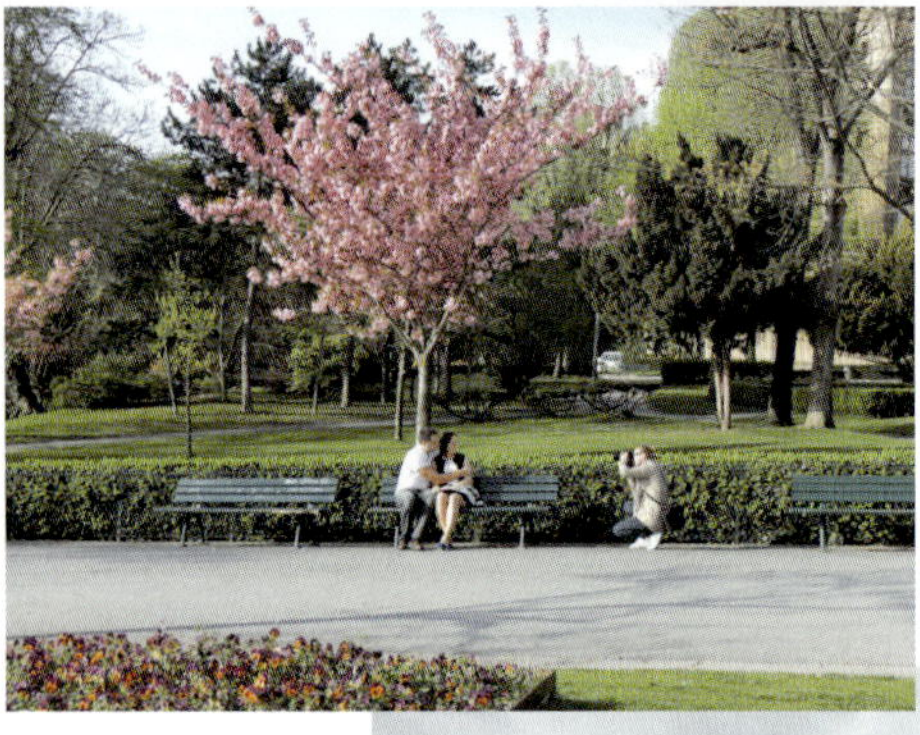

18世紀後半、この一帯は革命の熱気で満ちあふれていた。そんな過去など想像もできないほど、いまはおだやかな雰囲気に包まれている。

ナポレオンの眠るアンヴァリッドはシャン・ド・マルス公園から近い。

祝祭の場としてのシャンゼリゼ大通り

シャンゼリゼ大通りを行進する騎馬隊。歴史を振り返ると、ナポレオンはパレードを統治の重要な手段と考えていた。自分を見せる行為は為政者の本能である。パリ解放のとき、ドゴールが大群衆の歓呼の声をあびてシャンゼリゼ大通りを歩いたのは当然の行動といえよう。いずれにしても祝祭の場としてのシャンゼリゼの存在感は他を圧倒している。

シャンゼリゼ大通りのカフェ。オープンカフェは野外劇場の客席みたいなもので、行き交う人々を眺めているだけでも退屈しない。

シャンゼリゼ大通りの価値をいっそう高めているのは、いうまでもなくエトワール凱旋門だ。ナポレオンのパリに対する貢献は、この凱旋門を発案した点だけをとっても大きい。

歴史の震源地

パレ・ロワイヤル広場。ブルボン家打倒の革命行動隊はここから出発した。

コンコルド広場の噴水。後方にオベリスクが見える。この広場の名前の変遷がパリ史の有為転変をよくあらわしている。いうなれば、ここは歴史の震源地といってよい。

パリ市庁舎。この建物と広場で激論、処刑、熱狂などの入り混じった人間模様が織りなされ、歴史の数々を生み出していった。

躍進する副都心デファンスの大通り。パリの情報発信源は新都市に移りつつある。この四角い枠形のデファンス新凱旋門が、やがてヨーロッパ経済の司令塔になる日がくるかどうか。デファンスのこれからの歩みに注目したい。

まえがき

二〇一八年の初冬、パリで数時間ほど黄色いベスト運動に巻き込まれた。夕闇迫るオペラ座の近くにいたときである。有名デパート前の道路に群がる人々が、突然、一斉に走り出した。硝煙が立ち込め、あたりはパニック寸前の状態になった。蛍光色のひときわ目立つ安全ベストをまとったデモ隊が向かってくる。

ドキッとしたのは、デモ隊の投石ではなく、商店街の人々のおびえた顔を見たときだ。あわてて店じまいをする商店主らは、デモ隊のなかに放火や略奪に走る暴徒がまぎれ込んでいるのを恐れているのだ。

この夜、周辺にデモ隊のいたメトロの駅は一部閉鎖され、エトワール凱旋門では暴動が発生した。歴史は繰り返すというが、「これがパリのＤＮＡというものか」と、歩いてやっとたどり着いたホテルでテレビニュースを見ながら思った。

それにしても、パリではいつも驚かされる。

一九八〇年代の後半、ニースからフランスご自慢の高速列車でパリ・リヨン駅に着いて、すぐタクシーに乗った。運転手はチャーミングな四〇代の女性で、行き先のホテルのアドレスをメモした紙切れを渡そうと身を乗り出した途端、いきなり犬に吠えられた。助手席に猛犬がいるとは想像もつかず、「おっ」と声をあげてのけぞった。タクシーが走り出すと、番犬など忘れるくらい、荒っぽい運転に青くなった。仕事でやってきたのだから観光客の気分でいたわけではないが、猛犬とチキンレースさながらの神風タクシーのおかげでパリの第一印象は冴えないものであった。

その頃、筆者が勤務していた新聞社でヨーロッパの都市再開発をテーマにした連載を始めることになり、ロンドンやハンブルク、パリといったところの取材を命じられた。有名都市だけでなく南フランスのソフィア・アンティポリスといった新しく開発された科学技術都市もまわったので、ニースからパリ入りとなった。そこですっかりパリに魅了されたのだが、正直にいって勉強不足であった。その反省からパリに関する本を読み、機会を見つけてはパリの街を歩いた。

ただ、パリの歴史を時系列的にわかりやすく説明してくれる本がすくないのは不満だった。フランス史家や研究者はそれぞれの専門領域をより深く掘り下げるのに熱心なうえ、ほとんどの場合、文献中心で現場を歩いた気配はあまり感じない。もっとも、これは専門家でなくとも、だれでも足を使えばパリの歴史探訪にいくらかは割り込めるチャンスが残されているとも解釈できよう。そんなわけでジャーナリストの流儀でパリの歴史を書いてみようと思い立った。

本書の構成にあたっては、全体を年表ふうにした。まず歴史の流れをつかむのが、歴史アプローチの基本となるが、戸惑うのはフランスの政治体制の目まぐるしい変化である。ざっくりいえば、王政、帝政、共和政がこの国の三本柱だ。王政は王様の統治、帝政は皇帝の治世で、皇帝はナポレオン一世とその甥のナポレオン三世だけである。王政でも帝政でもないのが共和政で、第一共和政から第五共和政まである。

現在はいうまでもなく第五共和政であるが、フランスの政治体制についてはあえてこれくらいにとどめて、最初から深入りしないほうが賢明である。

楕円形のエスカルゴ（カタツムリ）のようなパリは環状線の内側にかぎれば、東西が約一〇キロ、南北が約八キロで東京の山手線の内側ほどの広さである。中心地からそれぞれの端までは歩けなくもない距離だ。

パリはセーヌ川をはさんで北側の右岸と南側の左岸にわけられる。右岸をブルジョワ文化の右派、左岸を学生文化の左派と色分けされた時代もあったが、もうこだわることもないだろう。ただ、右岸と左岸はたしかにどこかちがう。どこがどうちがうかの印象は人生体験や学習、あるいは感性によって十人十色だろうし、それぞれの出会いによっても異なってくる。いずれにしても自分独自の発見が可能なところに街歩きのだいご味があり、歴史の出番がある。

パリの歴史においていちばん面白いのは、歴史に登場する人々の人間模様であり、うつろいやすい人間関係だ。それぞれの史蹟にたたずんで、おのおのの時代に身をゆだねるとき、時空を超えてかれらと場を共有できる気分になれるのは街歩きの特権といえよう。ジャンヌ・ダルクやルイ一四世、マリー・アントワネットやナポレオンといったお馴染みの人物像を知るうえで、本書がすこしでも役立てば幸いだ。なお、本文の写真はいずれも筆者撮影である（文中敬称略）。

パリ2000年の歴史を歩く　目次

N
トル墓地
18区
ラ・ヴィレット公園
サクレ・クール聖堂
19区
9区
北駅
ビュット・ショーモン公園
駅
東駅
10区
オペラ座
20区
2区
1区
右岸
レピュブリック広場
3区
公園
パレ・ロワイヤル
ペール・ラシェーズ墓地
ポンピドゥー・センター
11区
ルーヴル美術館
4区
パリ市庁舎
サント・シャペル
シテ島
バスティーユ広場
ノートルダム大聖堂
新オペラ座
サン・ルイ島
6区
5区
ナシオン広場
ソルボンヌ
ナンブール公園
パンテオン
12区
リヨン駅
植物園
オステルリッツ駅
財務省
ンパルナス墓地
左岸
ベルシー公園
パリ天文台
国立図書館
イタリア広場
ヴァンセンヌの森
13区
モンスーリ公園
学都市
セーヌ川上流

パリ市内図
モンマルト
17区
モンソー公園
日本大使館
サン・ラザール駅
凱旋門
8区
ブーローニュの森
シャンゼリゼ大通り
エリゼ宮
コンコルド広場
チュイルリー
パッシー墓地
シャイヨー宮
ブルボン宮
マルモッタン美術館
エッフェル塔
7区
16区
シャン・ド・マルス公園
アンヴァリッド
日本文化会館
ユネスコ
オートゥイユ競馬場
リュクサ
15区
アンドレ・シトロエン公園
モンパルナス駅
14区
スポーツ公園
パリ国際見本市会場
セーヌ川下流
高速道路
国際大学

第1章
シーザーからジャンヌ・ダルクまでのパリ

パリの街を歩いていると「あ、ここもそうか」とローマの気配を感じることが時折ある。「すべての道はローマに通じる」というが、パリも例外ではない。パリの誕生に古代ローマ人が深くかかわっていたのだから、そういう印象は驚くこともない。古代ローマ帝国に憧れたナポレオン（一七六九～一八二一年）が崇拝してやまなかった英雄の立像が、パリで最も美しい公園のメインストリートにでんと据えられてある。しかも同じ人物が二体も置かれているのだ。

チュイルリー公園のシーザー像

パリのど真ん中にあるルーヴル美術館は火曜が定休日である。東京・六本木の国立新美術館と同じだ。二〇一八年の晩秋、休館のルーヴルをおとずれた。ふだんはメトロで降りてそのまま地下から美術館へ入場するが、東側のサン・ジェルマン・ロクゼロワ教会のほうからナポレオンの中庭に入ってみた。休館日の国立新美術館へ行く物好きは皆無だが、ガラスのピラミッド周辺は午前中から多くの人たちが集まっていた。

ルーヴル大改造がまだ終わっていない三〇年以上も前、たまたま工事中の外側に格好の足場があって、そこから北西の方角を眺めたことがある。カルーゼル凱旋門、コンコルド広場のオベリスク、シャンゼリゼ大通りを一直線に抜けて二キロ先のエトワール凱旋門まで見渡せた。さらに真っすぐ四・五キロほど行くとパリの副都心があり、新しくできたデファンス凱旋門に行き着く。フランス人好みの直線の美学は、このパリの大動脈を目にすれば一目瞭然である。

チュイルリー公園の池を通り越すと右手にシーザーの大きな立像が見えてくる。イタリア人彫刻家が一七世紀末に制作したもので「チュイルリー庭園に一八〇〇年に置かれた」と台座にある。一八〇〇年といえば、まさにナポレオン全盛期の頃である。

ルーヴル美術館ガラスのピラミッド

かつて、ここにはチュイルリー宮があった。パリの歴史で重要な舞台となった宮殿は一九世紀、パリ市民によって焼き払われてしまった。パリを占領したイギリス軍やプロイセン軍も、あのナチス・ドイツですらパリをほとんど破壊しなかったにもかかわらず、パリは血の気の多いパリっ子によって何度か痛めつけられた。

幅三〇メートルのゆったりした遊歩道を二六〇メートルほどすすむと、左手にコンコルド広場に向かって立つ、やや動きのあるもう一体のシーザー像がある。大きさはほぼ同じで、こちらはフランス人彫刻家ニコラ（一六五八〜一七三三年）の作だ。このオリジナルはルーヴル美術館に保管されているが、目立つのはイタリア人彫刻家の作品のほうだ。

紀元前五二年、ローマ軍の先遣隊がパリシイ族を打ち破った。これがパリの誕生とされている年だ。それからちょうど二〇〇〇年目にあたる一九五一年、パリ市はブーローニュの森のバガテル公園にローマをはじめ世界の大都市一二〇の市長を招いて記念の式典をおこなった。むろん、パリがこの年にポンと生まれ落ちたわけではなく、紀元前三世紀の頃からセーヌ川に浮かぶシテ島を中心にケルト系の一部族、パリという呼称の由来となるパリシイ族が住みついていた。

シーザーの有名な『ガリア戦記』はローマ軍団のガリアへの進撃を伝えている。ガリアとはフランスのことで、シーザーは紀元前五八年から五一年にかけてガリア全域を征服し、かれの副官がルテティアを占領した。以来、五〇〇年にわたってパリはローマに支配されるが、当初、シテ島は東の宗教区域と西の居住区域にわけられ、西にローマ人総督の住まいがあった。シテ島といえば、まず思い浮かべるのはカトリックのノートルダム大聖堂である。二〇一九年四月

カルーゼル凱旋門からコンコルド広場のオベリスク、エトワール凱旋門は一直線だ

イタリア人彫刻家によるシーザー像（チュイルリー公園）

ナポレオンのカルーゼル凱旋門への不満がエトワール凱旋門を発案するきっかけとなった

コンコルド広場に向かって立つフランス人彫刻家ニコラによるシーザー像（オリジナルはルーヴル美術館）

一五日、火災に見舞われ、世界に衝撃を与えたが、ガリア・ローマ時代、ここにはローマふうの神殿が建っていた。

リュテス闘技場とクリュニー大浴場

ローマ文明といえば、まず思い浮かぶのは円形の闘技場や大きな公衆浴場だ。パリにもそれらはちゃんと残っている。セーヌ川左岸のモンジュ通りには、三六段の階段席があるリュテス闘技場が復元されている。ごくふつうの公園にしか見えないが、ぎっしり詰めれば一万人は収容できるという。これだけの見物人を満足させるのは並大抵ではない。格闘技やサーカス、演劇のコンテンツは相当充実していたにちがいない。

公衆浴場もローマ化の重要施設だ。ソルボンヌとクリュニー美術館の間にある大浴場跡はさまざまな想像を駆り立てる。六〇〇〇平方メートルを超えるクリュニー大浴場跡の発掘調査は、一九四六年から一〇年間の歳月をかけておこなわれた。焚き口の近くに熱浴室、つぎに温浴室、そして冷浴室と異なる浴室があった。

公衆浴場の最大の工事は給水と排水で、クリュニー大浴場の場合、使用する膨大な水を一六キロ先の水源から引いていた。排水は地下を掘ってセーヌ川へ流した。ローマのカラカラ大浴場にはさまざまな娯楽施設とともに美術品も置かれて、ローマ市民は湯あがりのあとに美術鑑賞を楽しんだ。クリュニー大浴場もパリ市民のサロンの場であり、情報やアートに接することのできるレクリエーション施設であった。

パリを守る聖女ジュヌヴィエーヴ

いまでこそフランスは「カトリックの長女」といわれるが、当初カトリックはパリで迫害にあっていた。ノートルダム大聖堂の正面左側の彫刻群のなかの、首を手にした聖職者に注目してほしい。三世紀の後半、ガリア・ローマ政権はモンマルトルの丘で異端者としてカトリック

ガリア・ローマ時代をしのばせるリュテス闘技場跡。1869年、道路工事中に発見された

古代ローマふうのゴージャス感をいまに伝えるクリュニー大浴場跡

自分の首を持ったサン・ドニ像（ノートルダム大聖堂正面、中段右から2番目）

伝説の主の名前を冠したサン・ドニ・バジリカ大聖堂

サン・ピエール・ド・モンマルトル教会のサン・ドニ像

司教の首をはねた。伝説によれば、それでも絶命しなかったかれは、自分の首を持って一〇キロほど歩いたのちに息絶えた。この聖職者はパリの初代司教でフランスの守護聖人、サン・ドニだ。聖人を祀ってパリ北郊に建てられたのがサン・ドニ修道院であり、やがてフランス王家の墓所として知られるサン・ドニ・バジリカ大聖堂となった。

モンマルトルには、サン・ドニゆかりの教会がある。パリで最古の部類に入るサン・ピエール・ド・モンマルトル教会だ。モンマルトルの丘といえば、すぐそばにそびえる白亜のサクレ・クール聖堂があまりにも有名だが、この教会は聖堂より八〇〇年も前に建てられた。某日、サクレ・クール聖堂前の大階段で大道芸を見物したあと、この小さな教会へ立ち寄った。予想していた通り、入ってすぐ右手に首を持ったサン・ドニの立像があった。この伝説から読み解けるのは、初期カトリック聖職者のたぎるような不屈の精神である。

サン・ドニ・バジリカ大聖堂の前身となる教会堂の建立に貢献したと考えられるのは、パリの守護聖人になった修道女ジュヌヴィエーヴ（四二一〜五一二年）である。

彼女の姿はトゥルネル橋で見られる。四区の高級住宅地のサン・ルイ島と五区のトゥルネル河岸を結んでいる橋の左岸に白い柱がすっくと立ち、その上に少女を前にした聖女の像がすえられている。見あげているとクビが痛くなってくるが、これぞパリの守護聖人ジュヌヴィエーヴの石像だ。

ナンテールの農家に生まれたジュヌヴィエーヴは修道女になると霊力を発揮し、病気を治したりした。ノートルダム大聖堂の近くに住み、人々から慕われた。

四五一年、パリはアジア系遊牧民のフン族の攻撃にさらされた。パニックに陥ったパリの住民を叱咤激励し、徹底抗戦を呼びかけたのがジュヌヴィエーヴであった。結局、フン族はパリ攻略をあきらめ、オルレアンへ去った。また、パリがフランク族に長期にわたって包囲されて兵糧攻めに遭ったとき、セーヌ川を利用して小麦をパリへ運ばせたのも彼女であった。

四八〇年、衰退したローマ帝国に代わってフランク族の統合に成功した北ガリアのクロヴィス（四六五～五一一年）が事実上の初代フランク王となった。メロヴィング王朝の始まりである。王妃となったクロティルド（四七五～五四五年）はカトリックでジュヌヴィエーヴと知り合いであった。クロヴィスは異教徒であり、王妃は王の回心を祈った。クロヴィスはパリ入城を望んだが、キリスト教徒でないのを理由にジュヌヴィエーヴはやんわりとことわった。戦闘で苦戦するなかで王は回心を決意すると、戦況は好転し、ついに勝利を得る。

四九六年、クロヴィスはランスで洗礼を受けてフランス最初のキリスト教徒の王となった。三〇〇〇の兵も受洗した。シテ島に王宮を構えたクロヴィスは、カトリックの権威をバックに非キリスト教徒の諸部族の征圧を強めた。クロヴィスの洗礼をもってフランス建国の年とされるくらい、これ

トゥルネル橋にそびえるパリの守護聖人ジュヌヴィエーヴの石像（ランドフスキー作）

もともとはジュヌヴィエーヴのために建立されたパンテオン

サンテティエンヌ・デュ・モン教会

パンテオンのシャヴァンヌ作「聖女ジュヌヴィエーヴの生涯」の壁画部分

クロヴィスの塔
（アンリ四世校構内）

は歴史の大きな節目であった。洗礼を受けて一〇年後、クロヴィスは左岸の小高いところに自分と王妃の墓所となる教会を建てた。

五〇八年、クロヴィスはパリを首都と定めた。それから三年後、クロヴィスは没した。翌年にはジュヌヴィエーヴもこの世を去り、クロヴィスのかたわらに埋葬された。以来、この地はサント・ジュヌヴィエーヴの丘と呼ばれるようになった。左岸のパンテオンを中心とする一帯であるが、その裏手のパリ守護聖人ゆかりのサンテティエンヌ・デュ・モン教会はファサードがとても風変わりだ。

高さ八三メートルという壮大なドームがそそり立つパンテオンは、もともと重病を克服したルイ一五世（一七一〇〜七四年、在位一七一五〜七四年）によってパリ守護聖人に捧げる教会として着工された。それが工事途中で今日のように国家の偉人の霊廟へと変身するのは、一七八九年のフランス革命のあとである。

ジュヌヴィエーヴに関心をいだいたなら、パンテオン内陣の壁画も見ておこう。入って左手の画家シャヴァンヌ（一八二四〜九八年）による「聖女ジュヌヴィエーヴの生涯」が素晴らしい。一見するとフレスコ画のように見えるが、画布に描かれている。静謐な画風には心をなごませるものがあり、パンテオンへ立ち寄った際、この壁画をスルーするのはもったいない。

また、パンテオンそばの名門リセ、アンリ四世校の構内には、クロヴィスの塔がそびえている（リセは日本の高等学校に相当する）。長年、秀才たちを見おろしてきた塔だ。フランス革命前まではここにジュヌヴィエーヴ修道院があり、クロヴィスの塔はその遺構である。要するにパンテオンとサンテティエンヌ・デュ・モン教会、それにアンリ四世校はいずれもかつてここにあった。ジュヌヴィエーヴ修道院の敷地に含まれているのだ。

六世紀の教会といえば、左岸の聖地ともいえるサン・ジェルマン・デ・プレ教会を忘れるわけにはいかない。クロヴィスの子の代に建立された。パリ最古の教会で哲学者デカルト（一五九六〜一六五〇年）がここに眠る。オランダなどを遍歴した末、スウェーデンで病死したデカルトの墓がここに移されるまでには、それなりのドラマがあったと思われる。一帯はその後、ベネディクト会の大修道院として興隆をきわめる。一八世紀、当地をおとずれたイギリス人旅行者は、大修道院長の収入がけたはずれに多いのに憤慨している。

サン・ジェルマン・デ・プレ教会

真ん中がデカルトの墓標
（サン・ジェルマン・デ・プレ教会）

パリにつれなかった大帝シャルルマーニュ

ノートルダム大聖堂の広場に必見の像がある。前方にそそり立つ大伽藍の存在感が大き過ぎて、広場右側にあるシャルルマーニュ大帝（七四二～八一四年）の騎馬像に目を向ける人はすくない。ナポレオンはこの大帝をつねに意識し、思考や行動の参考にしていた。シャルルマーニュは現在のフランス、ドイツ、オーストリア、北イタリアを統一し、ヨーロッパの父と呼ばれる。

七六八年、シャルルマーニュがカロリング王朝を継いだ。勇猛かつ軍事的才能にすぐれ、支配力も巧みであったかれはフランク王（在位七六八～八一四年）、そして西ローマ皇帝（在位八〇〇～八一四年）も兼ねた。遠征を厭わず、領土の拡大につとめ、一大帝国を築いた。

ノートルダム大聖堂前に立つシャルルマーニュ騎馬像

シャルルマーニュは強靭な肉体を誇り、しばしば泳ぐ姿を民衆に見せた。ひょっとしたら自分の泳ぎを撮影させていたムッソリーニ（一八八三～一九四五年）や毛沢東（一八九三～一九七六年）、あるいはやたらに体力を誇示するプーチン（一九五二年～）は、この古代の英雄に感化されたのかもしれない。

八〇〇年、西ローマ皇帝の戴冠を受けるためローマに向かう途中、シャルルマーニュはパリ北郊のサン・ドニ修道院にしばらく滞在した。すでにふれたように王家の墓所となるところだ。フランスのどの王朝にとっても、サン・ドニは重要な宗教施設がおかれたところであった。シャルルマーニュはドイツのアーヘンに本拠を定め、パリは次第に輝きを失っていった。

パリにつれなかった大帝はアーヘン大聖堂で永遠の眠りについた。ベルギーやオランダと国境を接するアーヘンは、かつて西ローマ帝国の首都だった。その後、フランク王国はシャルルマーニュの孫らによって三分割され、現在のフランス、ドイツ、イタリアの原形となっていく。

九一〇年、ブルゴーニュ地方のクリュニーで修道院が建設され、これが中世の修道院改革をリードするクリュニー修道会の出発点となった。その後、一〇〇年足らずの間に、フランス国内に八〇〇近いクリュニー修道会ができた。修道院は修行の場であると同時に地場産業の担い手であった。

パリの拠点となったのは、クリュニー大浴場の廃墟の上に建てられた修道院であった。クリュニー大修道院はフランス革命の際に被害を受けたが、修復された建物は修道院長の館ととも

クリュニー大浴場跡に隣接する中世芸術の殿堂クリュニー美術館

に、のちに中世の美術を展示するクリュニー美術館に生まれ変わった。

　修道院は羊毛や乳製品の販売で莫大な利益をあげ、大修道院は豊富な資金で支配地を広げ、城館のような建物を建設した。大修道院長は領内の軍事、裁判、税のすべてを握っていたのだ。

中世が息づくパリ

　パリは不思議な街だ。新と旧があざやかに溶け合っている。たとえばエレガントなパリジェンヌが行き交う大通りに、中世の城壁がむき出しで保存されているといったあんばいだ。中世がたっぷりと息づくパリは、歴史の浅いニューヨークが逆立ちしてもかなわないところである。

　九八七年、シャルルマーニュ直系のルイ五世（九六七〜八七年）が跡継ぎを残さずにこの世を去り、カロリング朝に幕が閉じられた。王位についたのはフランク大公のカペー（九四一〜九九六年）で、カペー朝の始まりである。シテ島にふたたび王宮が置かれ、パリはまた首都となった。

　カペー朝の歴代の王は、シテ王宮の修復や再建を繰り返しながら居住した。現在は最高裁判所となっている一帯はコンシェルジュリーと呼ばれているが、古塔を眺めていると、二一世紀のいまもパリの中世が息づいているのを感じる。とんがり屋根の三つの塔。それに大時計がある四角い塔。薄暗い建物へ入ると、教師に引率された小学生が床に座り込んで説明を聞いていた。

後年、コンシェルジュリーの一帯にはパリ高等法院が置かれた。役所と裁判所と警察を兼ねたようなところで、王がパリを離れていた時代、パリを実質的に支配していたのは高等法院であった。一時期はフランス全体の司令塔でもあった。

　パリと東京のちがいといえば、まず思い当たるのは歴史の重みの差だ。徳川家康が江戸城に入ったのが一五九〇（天正一八）年だから、クロヴィスのパリ入城と比べて一〇〇〇年以上も遅い。とはいえ、パリになくて東京にあるものもすくなくない。一つだけあげれば、中央駅である。日本の東京駅にあたるものがパリにはないのだ。

東のセーヌ川上流から時計まわりでいえば、リヨン駅、オステルリッツ駅、モンパルナス駅、サン・ラザール駅、北駅、東駅と、いずれもパリの中心地から離れている。その代わり都心のど真ん中にあるルーヴルを筆頭に美術館の充実ぶりはさすがで、パリは街自体が美術館のような雰囲気を持つ。

都心を離れても見るものは多い。パリ一一区と一二区にまたがるナシオン広場へ行ってみよう。この広場のすぐそばの四メートル近くもある二つの大きな円柱の立像がお目当てだ。大通りを隔ててそびえる円柱は向かって右側が一一区、左側が一二区に管轄がわかれる。左に立つのが尊厳王（オーギュスト）と呼ばれたフィリップ二世（一一六五～一二二三年、在位一一八〇～一二二三年）で、右がルイ九世（一二一四～七〇年、在位一二二六～七〇年）だ。

一一九〇年、フィリップ二世は第三回の十字軍遠征に参加するため、パリを留守にすることになった。そのとき王はパリを外敵から守るために、強固な要塞の建設を命じた。これがルーヴル宮のさきがけとなった。世界文化遺産の美の殿堂の成り立ちは、殺風景な兵舎と武器庫と牢獄であった。王はさらに城壁の強化拡充を指示し、これによりパリを囲む城壁の工事が開始され、最終的に高さ九メートル、全長五三〇〇メートル、一二か所に城門を持つ防御壁が設けられた。

いまもマレ地区や左岸のパンテオンの近くのクロヴィス通りでパリ防御の一部を見ることができるが、圧巻はなんといってもルーヴルの城塞だ。当時の最新技術を投入して建設された。二〇世紀の後半にルーヴル美術館の大改造がおこなわれた際、地下から発見され、現在は一般公開されている。

モンマルトルのサクレ・クール聖堂の中段左右に大きな騎馬像がある。向かって右手がジャンヌ・ダルク（一四一二～三一年）であるのはひと目でわかるが、日本人には左手の人物を言い当てるのはむずかしい。フランス中世の英雄も日本では馴染みがないからだ。聖王ルイ、すなわちルイ九世である。

一二二六年、一二歳で王位についたルイ九世は成人してからは、第七回と第八回の十字軍の指揮をとった。エジプトで捕虜になって莫大な身代金をとられるなど失敗はあったが、慈悲深いカトリック王として声望を集めた。チュニジアのチュニスでペストにかかってその地で没した王は、のちに聖人の列に加えられて聖ルイとなった。

ルイ九世ゆかりの建物といえば、やはり高さ七五メートルの尖塔をいだくサント・シャペルである。一二四八年に完成された王宮付属の礼拝堂で、一階と二階からなる堂内はほの暗く幻想的だ。あたり一帯が一八七一年のパリ・コミューン騒乱でずいぶん破壊されたなかで、ここはぶじだった。

パリの宝石といわれるサント・シャペルの入り口前は、いつも入場を待つ列が絶えない。ようやく順番がきて一階の礼拝堂へ入っても、「おや、これが宝石？」といぶかってはいけない。礼拝堂は祈りの場であり、死者を弔うところだ。この床下は墓地である。ここは早めに切りあげて、二階へ向かうのがよい。狭く薄暗い階段を一歩一歩あがって天井の高さが一五メートルの二階の礼拝堂に足を踏み入れた瞬間、パッと目に飛び込んできた美の世界。きらきらと輝く一六面におよぶパリ最古のステンドグラスが素晴らしい。まさに光の宝石である。サント・シャペルほどに出合いの一瞬の感動を味わえるところはそう多くない。

堂内では無心になって中世の空気にふれたい。聖書を題材にしたという一一一三枚の図像パネルで構成されたステンドグラス、あるいは黙示録を主題にした大きな円形のバラ窓。創世記からキリスト復活までのそれぞれの絵柄の意味はわからなくとも、「暗黒の中世」という言い古された文句が陳腐に感じられてくる。中世人の美意識は、現代人が想像する以上に洗練されていたのだ。

中世を感じさせるコンシェルジュリーの外観

司法の要となるコンシェルジュリーの正面

ナシオン広場近くの大通りにそそり立つ「王の円柱」

「王の円柱」の
尊厳王フィリップ2世

建物の一部として
残されているマレ
地区のフィリップ・
オーギュストの城
壁（右端の部分）

一般公開されてい
るルーヴル美術館
地下の城壁

モンマルトルの丘の
サクレ・クール聖堂

聖王ルイの騎馬像
（サクレ・クール聖堂）

コンシェルジュリー（右）の隣りの
尖塔のところがサント・シャペル

パリ最古のステンドグラス
（サント・シャペル）

ルイ九世は富める王であった。東ローマ帝国の皇帝がキリスト受難の記念物を売り出したとき、高額な代金を支払って「キリストのいばらの冠《かんむり》」と「十字架」を購入した。サント・シャペルがつくられたのは、これら聖遺物をおさめるためでもあった。ほんとうにエルサレムのゴルゴタの丘のものであったかどうかの詮索はヤボである。信じがたいが、一九世紀にこの美しい礼拝堂が食糧置き場になったこともある。その一方で二〇世紀前半のフランス人はドイツに攻め込まれたとき、このステンドグラスをすべて取りはずして地下に厳重に保管して守り抜いた。また、ルイ九世が手に入れた聖遺物は現在、ノートルダム大聖堂に保管されているが、先般の火災でも無事だった。

ソルボンヌでザビエルを思う

一二五七年、ルイ九世の礼拝堂つき司祭だったソルボン（一二〇一～七四年）が左岸のカルチェ・ラタンに学寮をつくり、貧しい神学生一六人を受け入れた。これがのちにソルボンヌ大学へと発展した。

ソルボンヌはクリュニー美術館のすぐ近くにあって左岸の重要拠点ともいえるところだ。真正面に礼拝堂がある。許可なしには大学構内に入れないが、ソルボンヌ広場のカフェで世界中から集まってきた学生たちのファッションや携帯品、まぶしいほどに生き生きとした表情、学者先生のそれぞれに味わい深い個性的な風貌を眺めているだけでも、知的興味を満たしてくれ

大通りに面したソルボンヌ広場と礼拝堂

エリート養成の高等教育学院

る。

日本と深くかかわるスペイン出身の神学生が一六世紀、ソルボンヌで学んだ。フランスとの国境に近いナバラ王国の地方貴族の家に生まれたザビエル（一五〇六頃〜五二年）である。イエズス会の創設メンバーとなったザビエルは一五四九年、鹿児島に上陸した。「フランスにパリという都がある」とザビエルは日本人信者に話したような気がしてならない。

戦前の政界で隠然たる影響力を持ちつづけた西園寺公望《きんもち》（一八四九〜一九四〇年）は一八七〇年代にフランスへ渡り、バカロレア（大学入学資格試験）をパスして正式にソルボンヌ（パリ大学法学部）へ入った最初の日本人であった。

ただ、日本人が思うほどにソルボンヌが最高学府として突出しているわけではない。パリの大学に入試はなく、バカロレアに受かれば入学資格を得られる仕組みになっている。それだけに入りやすいフランスの大学の評価は相対的に低い。「ソルボンヌよりグランゼコールが格上」というのも、日本人にはなかなかピンとこない。エリートコースはグランゼコールといわれる国立行政学院や高等教育学院、高等理工科学院といったごく少数の定員からなる専門大学校のほうだ。

筆者の若い頃の最初の志望は高校の社会科教師になることだったので、昔風にいえば高等師範の高等教育学院はひと目見ておきたかった。五区ユルム通りの校舎はありふれたたたずまいだったが、出入りする学生にはピリッとした秀才の雰囲気が感じられた。

現在、郊外も含めて一三ある大学のすべてがパリ大学の冠を持つナンバー校システムで、独立したソルボンヌ大学というのはない。パリ第一大学からパリ第七大学は市内、パリ第八大学からパリ第一三大学は郊外にあって、このうちソルボンヌの名称がつくのは第一、第三、第四の三校にかぎられる。同じ校舎内でソルボンヌ教室と非ソルボンヌ教室にわかれているところもあって、慣れない留学生を戸惑わせているという。

ノートルダム北塔と周恩来

一三四五年、ノートルダム大聖堂がほぼ完成した。シテ島における王宮と大聖堂の建設は中世パリの大プロジェクトであった。われらが貴婦人という意味のノートルダムは聖マリアに捧げられた大聖堂。高さ三三メートル、幅四〇メートル、奥行き一二八メートルという荘厳なゴシック様式の大聖堂に、二〇一九年の火災で閉鎖されるまで年間一四〇〇万人がおとずれてい

ノートルダム北塔のガーゴイルの先に見えるのはパリ警視庁

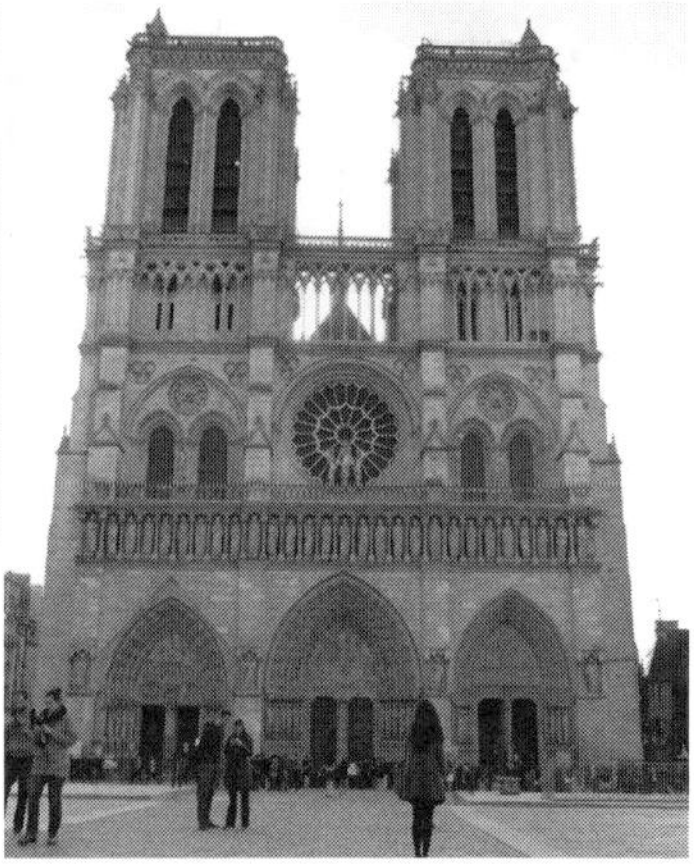

ノートルダム大聖堂

た。広場にはパリのゼロ地点を示す八角形の星印がある。

　ノートルダムの地上六九メートルの塔が思い出深い。広場から大聖堂の正面を見て右側が南塔、左が北塔だ。一般の見学者は北塔から狭い螺旋階段を三八六段あがって上階に出るが、一九八〇年代にきたときは思わずめまいを感じ、高所恐怖症にとりつかれてしまった。そんなわけで怪物の形をしたガーゴイルをカメラにおさめるや、ろくろく風景も見ないで下りてしまった。まったくもったいないことをしたものだが、そのときに魔よけのためだけと思っていたガーゴイルが、雨どいの排出口の役目を持っていたのを知った。

　この塔には数えきれないほどの人々が登っているが、その一人に若き日の周恩来（一八九八～一九七六年）がいる。一九二一年、周は中国人留学生の先輩と北塔へあがったときの様子をのちに妻となり、全国人民代表大会副議長までなった鄧穎超《とうえいちょう》（一九〇四～九二年）に書き送った。その手紙で周は「やっとのことで上階へ出たら、わが国の魑魅魍魎《ちみもうりょう》のような変な怪物（ガーゴイルのこと）がいました」とか、あまりの景色の美しさに「トレビアン（素晴らしい）！」と感嘆の声をあげたことを伝えている。周と一緒にノートルダムへ行った先輩は湖南省出身の蔡和森といい、同郷の毛沢東と交流があった。パリで共産主義の団体をつくって活動していた蔡の影響で毛は組織づくりに本腰を入れたといわれている。鄧小平（一九〇四〜一九九七年）も一九二〇年にパリ近郊のルノー自動車工場で働いていた。鄧が共産党に入ったのはパリ時代だ。

マルクス（一八一八〜八三年）、レーニン（一八七〇〜一九二四年）、トロッキー（一八七九〜一九四〇年）、ホー・チ・ミン（一八九〇〜一九六九年）といった革命家もまたノートルダム大聖堂を仰ぎ見て（あるいは塔に登って）、それぞれの思いに浸ったはずだ。

ジャンヌ・ダルクのメモリアル

ノートルダム大聖堂をはじめパリのカトリック教会には、百年戦争のヒロイン、ジャンヌ・ダルクの立像が置かれている。教会以外でも彼女の騎馬像がいくつか見られる。いうまでもなくジャンヌはフランス最大のヒロインである。

ジャンヌ・ダルクがパリに足を踏み入れているのは、まちがいない。現在のパレ・ロワイヤル広場のあたりまできたようであるが、彼女の足跡が遺されたのはパリにとっても幸運であった。いまもなおジャンヌの存在そのものが光彩を放って、パリの街に彩りを添えている。

一四二〇年、パリはイギリス軍とブルゴーニュ派軍勢に占拠された。そこへ不作と寒波がパリ市民を苦しめた。人々は守護聖人ジュヌヴィエーヴに祈った。天に通じたのか、九年後、奇跡を呼ぶ男装の少女がパリにあらわれた。パリから約一三〇キロ離れたフランス中部オルレアンのドンレミ村出身、ジャンヌ・ダルクである。

シャルル七世（一四〇三〜六一年）が王太子の頃、オルレアンはイギリス軍らに包囲された。そのとき、神のお告げを受けたという一七歳の村娘は「オルレアンを解放し、王太子をランスで戴冠させるために神につかわされた」と申し出てフランス軍の先頭に立った。奇跡がつぎつぎと起こって王太子はシャンパーニュの中心都市ランスの大聖堂で戴冠式をあげてフランスの王となった。

パリから高速列車で一時間ちょっと。シャンパンの店を覗いたりしながらランス大聖堂へ向かうと、期待通りにジャンヌの騎馬像があった。

一四二九年九月八日、ジャンヌ・ダルクはパリを攻略中、敵の矢に当たって負傷した。場所はシャペル通りのサン・ドニ教会の前だった。モンマルトルの丘で異教徒の迫害に遭って斬首された司教が自分の首を持って歩き、ここでばったり倒れたと伝えられているところである。その後、隣接してジャンヌ・ダルク教会が建てられた。

一四三〇年五月、ジャンヌ・ダルクはパリ東北七〇キロのコンピエーニュでブルゴーニュ公国軍の捕虜となった。先般、コンピエーニュの町をおとずれたが、駅を出て通りへ出ると、すぐ彼女の騎馬像が目に飛び込んできた。それはさておき、意外にも身代金を払ってジャンヌを引き取ったのは、シャルル七世ではなくイギリスだった。

ジャンヌ・ダルクの身柄はその後、彼女に対して厳しい見方をしていた司教の手に渡った。ジャンヌはフランス北東部ルーアンの城郭に幽閉され、教会主導の荒っぽい取り調べを受けることになった。結局、彼女は男装などを理由に異端裁判にかけられ、火刑に処されることになる。

一四三一年五月三〇日、ジャンヌ・ダルクはルーアンの広場で一九歳の生涯を閉じた。現在、火刑の場所には火炎をモチーフにデザインしたジャンヌ・ダルク教会が建っている。

結果としてシャルル七世はジャンヌ・ダルクを見殺しにしたといわざるを得ない。ジャンヌを快く思わない側近の声に惑わされたのである。ある伝記作家は王の欠点として移り気で、疑い深く、嫉妬心の強いことをあげている。ルーヴル美術館のリシュリュー翼三階で「なるほど、その通りだ」と思いたくなる絵に出会った。フーケが描いたシャルル七世の等身大の上半身像で、特徴のある風貌は王の屈折した性格を伝えている。

ルーヴル美術館近くのリヴォリ通り交差点のピラミッド広場に胸をそらし、キリリとした表情のジャンヌ・ダルク騎馬像が金色に輝いている。とはいっても、むろん金箔ではなく、これは黄金色の保護塗装である。彼女が高く掲げる軍旗は、シャルル七世から拝領したものだ。ユリの花が描かれているが、これはフランス王家の紋章である。騎馬像はフルミエ（一八二四〜一九一〇年）の制作で、甲冑に身を固めた等身大より大きめのジャンヌは男性的で凛々しく表現されている。

一九世紀末にフルミエの騎馬像が完成したとき、ジャンヌ・ダルクと馬の釣り合いが取れて

フーケ作「シャルル7世の
肖像」（ルーヴル美術館）

ランス大聖堂前の
ジャンヌ・ダルク像

ジャンヌ・ダルク教会
（左）とサン・ドニ教会

ジャンヌ・ダルク教会前の
ジャンヌ・ダルク像

コンピエーニュの
ジャンヌ・ダルク像

ルーアンのジャンヌ・ダルク教会

ピラミッド広場のジャンヌ・ダル
ク像（フルミエ作）

ないと、不評だった。下から見あげるので、どうしても人馬のアンバランスが目立ってしまうのだ。この指摘にフルミエ自身も悩み、結局、かれは一七三センチのジャンヌ像を一九六センチに拡大してつくり変えた。

もう一つ、ビル・アケム橋のジャンヌ・ダルク像を忘れるところだった。パリ日本文化会館のすぐ近くだ。ただエッフェル塔を目の当たりにする好位置にありながら、ジャンヌ像の出来栄えはピラミッド広場にとてもおよばない。

ジャンヌ・ダルクの話題は二一世紀になっても尽きない。一九世紀中頃、ジャンヌの遺骨と称されるものがパリの薬局でみつかり、トゥールの博物館で大切に保管されていた。この遺骨によってジャンヌの神格化はいっそうすすんだと思われるが、ホンモノかどうか疑問視する声は早くからあった。二〇〇六年からフランスとスイスの研究チームが放射性炭素の年代測定をおこなった結果、紀元前四世紀前後のミイラとわかった。

第2章

二人の名君が遺したパリのモニュメント

ブルボン家といえばフランスの代表的な王家だが、歴史に登場するのは一六世紀の後半になってからだ。フランス・ルネサンス期を代表する王といわれるフランソワ一世（一四九四～一五四七年、在位一五一五～四七年）のヴァロア朝からアンリ四世（一五五三～一六一〇年、在位一五八九～一六一〇年）を初代とするブルボン朝への移行はどのような経緯をたどったのか。その過程でパリはどう変容していったのか。いずれもパリを知るうえで重要な点だ。

パリ市民が要望したルーヴル宮の復旧

シャルル七世の肖像画があったルーヴル美術館のリシュリュー翼三階では、フランソワ一世の肖像画も見られる。がっしりした上半身でフランソワ一世が四〇代半ば頃、クルーエによって描かれたと伝えられるが、武芸にすぐれていたうえ、文化人でもあった資質はその表情からもうかがえる。これも肖像画の傑作の一つといえよう。

一五二三年、フランソワ一世の時代にサン・ジャック・ラ・ブーシュリー教会が完成した。そのときに鐘楼として建てられたのが、パリ市庁舎近くにある高さ五二メートルのゴシック様式のサン・ジャック塔である。一九世紀のオスマン（一八〇九～九一年）のパリ大改造でリヴォリ通りを拡張する際、教会は取り壊され、この塔だけが残った。

サン・ジャック塔はピレネー山脈を越えてスペインの聖地、サンチアゴ・デ・コンポステーラへ向かう巡礼の起点の一つである。徒歩であれば、一か月以上はかかった。パリからイベリア半島へ向かう巡礼者はこの教会で旅のぶじを祈り、鐘の音に送られて出発した。交通手段はちがっても、巡礼そのものはいまもつづけられている。

一階には、一六四八年にここで気圧実験をおこなったとされるパスカル（一六二三～六二年）の彫像がある。物理学者パスカルより、「人間は考える葦である」の名言を遺した哲学者パスカルのほうに親しみやすさを感じる人が多いであろう。

一五二五年三月六日、パリに衝撃的なニュースが伝えられた。大軍を率いてイタリアに攻め込んだフランソワ一世が敗れ、神聖ローマ帝国のカール五世（一五〇〇～五八年、在位一五一九～五六年）の軍に捕まったというのだ。イギリスもフランスに敵対しており、パリが攻略される危険性が一段と増した。パリ市民は自衛のための夜まわりを強化し、南北二二五〇メートル、

クルーエ作「フランソワ１世の
肖像」（ルーヴル美術館）

パスカル像
（サン・ジャック塔）

サン・ジャック塔

東西二五〇〇メートルにまで張りめぐらされていた防御壁を見張った。

一五二六年、フランソワ一世は幽閉されていたマドリードから二人の王子を身代わりにしたうえ、身代金を払ってパリに戻った。その資金の大半はパリ市民が捻出した。かれらは王に対して一五〇年間、空き家となっているルーヴル宮の復旧を望んだ。王は請願を聞き入れ、建築家レスコー（一五一五?～七八年）が改築の設計にあたった。最初は砦にすぎなかったところが、長い年月をかけて王の定住する美しい宮殿へと変身していく過程で市民らの意見も反映されていたのである。

パリ市庁舎とサントゥスタッシュ教会余話

「パリで一番重要な建物はどこか」というアンケートで、トップにパリ市庁舎が選ばれたこともある。たしかにパリ市庁舎は東京都庁舎など比べようもないほど歴史の表舞台に登場する。個人的にいえば向かいのデパート（ル・ベーアッシュヴェー・マレ）もこの界隈では重要なところで、これまでずいぶんお世話になった。五階のトイレである。

なにしろパリという街は、外出時に利用できるトイレが極端にすくない。このデパートの場合も五階以外にトイレがあるとは思えない。女性用の場合、いつも列ができていた。メトロにトイレはなく、六つの国鉄の駅ですら有料のうえ、料金も安くないのだ。その点、東京はまさにトイレ天国といえよう。

一五三三年、サン・ジャック塔の目と鼻の先のクレーヴ広場にパリ市庁舎の礎石が置かれた。建築を指揮したのはイタリア人建築家コルトーナで、がっしりした骨太の新庁舎の一〇〇年に近い大工事の始まりだった。クレーヴは砂浜。もともとは船荷の集積所で、職を求める失業者のたまり場でもあった。ストライキをクレーヴと呼ぶように、不満分子やへそ曲がりの集まってくるパリ市庁舎の周辺は体制批判のメッカであった。

現在の重厚なルネサンス様式のパリ市庁舎は一八七四年から八年ほどかけて大幅に改築された。正面の時計の下には、フランスの重要なスローガン「自由」「平等」「友愛」の三文字が見える。余話をつづければ、パリ市の紋章はセーヌ川に浮かぶ帆かけ舟で、そこには「たゆたえども沈まず」とある。「セーヌの舟は大波で揺れることがあっても、決して沈むことはない」という文言から「パリの繁栄は、われわれの水運業によって支えられている」というかれらの心意気が伝わってくる。実際、水運業者から徴収した税金がパリの財政をうるおしていた。

レ・アール近くのサントゥスタッシュ教会は長い間、外壁の補修工事をつづけていたが、ようやく建物を覆っていたシートがとれた。修復を終えた壮麗なゴシック様式が目にまぶしい。フランソワ一世が教会建設計画をバックアップし、一五三二年に礎石がおかれた。完成までに一〇〇年を要したという。パリへ来ると、かならず一度は立ち寄る。その数八〇〇〇本というパイプオルガンのナマ演奏も聴いたが、ただ堂内の椅子に坐っているだけで心のなごむ場所だ。

一八世紀後半、天才少年モーツァルト（一七五六～九一年）が母親のアンナとともにパリへ演奏旅行でやってきた。母親はパリで病死し、そのときに葬儀が執りおこなわれたのはこの教

「パリで一番重要な建物」に選ばれたこともあるパリ市庁舎

市庁舎の外壁を飾る帆かけ舟のパリ市の紋章

外壁の修復を終えたサントゥスタッシュ教会

会であった。音楽家と縁が深く、ベルリオーズ（一八〇三〜六九年）やリスト（一八一一〜八六年）もここで演奏会をひらいていた。

一五四七年、フランソワ一世が没した。ルーヴル大改造の完成はかなわなかったが、ロワール川流域に白亜のシャンボール宮を遺した王は、イタリア伝来のルネサンス文化をフランスに咲かせた。現在、三〇万点を超える収蔵品を誇るルーヴル美術館は、フランソワ一世が所蔵したイタリア絵画一二点から始まった。

ヴォージュ広場とチュイルリー宮誕生の発端

ヴォージュ広場とチュイルリー宮誕生の発端には、メディチ家から嫁入りしたカトリーヌ・ド・メディシス（一五一九〜八九年）がからんでいた。フランソワ一世の後継は王太子の不慮の死で、次男がアンリ二世（一五一九〜五九年、在位一五四七〜五九年）として即位した。図らずも王妃となったカトリーヌは、イタリアの食文化をフランスの宮廷に持ち込んだ。

フォーロム・デ・アールそばのイノサンの泉は、当時と設置場所はちがうが、アンリ二世がパリ入りする際につくられた。設計はレスコー、彫刻はグージョンが担当し、フランス・ルネサンスの代表的な作品として現代に残った。

マレ地区にある優雅なヴォージュ広場はもともとロワイヤル広場といわれ、一六一二年、アンリ四世によって完成された。フランス革命のとき、北東部のヴォージュ県が革命政権にいち早く税金を納めて以来、それに謝意を表しヴォージュ広場と呼ばれるようになった。現在、建物の一階部分は画廊やレストランとなっているが、さかのぼれば広場誕生の遠因は王のケガだった。

一五五九年、アンリ二世はマレ地区のトゥルネル宮で祝宴をひらいた。その余興として近くの広場で騎馬戦がおこなわれ、王は自分を警護する近衛隊長と一戦を交えることになった。王は相手の槍で顔を負傷し、それがもとで没した。

ブルボン家の墓所、サン・ドニ・バジリカ大聖堂でアンリ二世とカトリーヌの石棺を見たときは、その生々しさに思わず息をのんだ。リアルそのもの、真っ裸の死体が横たわっているのだ。これがルネサンス期の流儀であったのだろう。

長男のフランソワ二世（一五四四～六〇年、在位一五五九～六〇年）が即位した。後見となって実権を手にしたカトリーヌはトゥルネル宮を好まず、大改築が完了したルーヴル宮へ移った。トゥルネル宮は取り壊され、騎馬戦のあった広場はアンリ四世がロワイヤル広場をつくるまで荒れ放題となった。

王母カトリーヌはルーヴル宮も気に入らず、新宮殿の建設に取り組んだ。場所としてルーヴル宮西側の、かつて瓦の製造所だった場所が選ばれ、建築家のドロルム（一五一五～七〇年）が設計を担当した。これが数々の歴史の舞台となるチュイルリー宮（瓦はフランス語でチュイルというのに由来）である。

フランソワ二世は即位して一年足らずで病死し、次男に王位がまわってきた。シャルル九世

アンリ2世とカトリーヌ・ド・メディシス王妃の墓（サン・ドニ・バジリカ大聖堂）

イノサンの泉水

かつては決闘の場ともなったヴォージュ広場

（一五五〇〜七四年、在位一五六〇〜七四年）が一〇歳で即位し、カトリーヌが摂政となった。三年後、王母は少年王を伴って国内巡幸に出発した。二年を越える長旅であった。

一行のなかにアンリ・ド・ナヴァール（若き日のアンリ四世）やアンリ・ド・ギーズ（一五五〇〜八八年）という一〇代の貴公子がいた。かれらはのちに宿命のライバルとなる。南フランスのプロヴァンスで一行が占星術師ノストラダムス（一五〇三〜六六年）に会ったとき、かれはナヴァールに対して「いずれあなたはフランスの王となろう」と予言した。ナヴァールはフランスとスペインの国境が走るピレネー山脈の北に位置する小さなナヴァール王国の王太子で、ブルボン家とは血縁関係があった。

一五七二年、ナヴァール王国で王太子が即位した。ナヴァール王は大国フランスを含むプロテスタント二〇〇万人の総帥であった。旧教と新教の対立が深まるなかでフランス王家の摂政カトリーヌは中立を保った。そしてプロテスタントとの和合とみずからの権力誇示を狙って、ナヴァール王家の新王と自分の末娘マルグリットの婚約をすすめた。

サン・バルテルミーの虐殺とコリニー記念碑

一五七二年八月一八日、ナヴァールとマルグリットの婚礼はパリでおこなわれることになり、カトリックとプロテスタント両派の貴族に招待状が送られた。プロテスタントの事実上の最高指導者であるコリニー提督（一五一九〜七二年）は領地シャティヨンから多数の家の子郎党を引き連れて二か月も早くパリに乗り込んだ。かれはスペインと戦うオランダのプロテスタントを支援するため、フランスの派兵を望んでいた。早めにパリへきたのは、シャルル九世へ出兵を要請するためであった。王はこのプロテスタントの勇将を父親のように慕っていた。

各地から婚礼に参列するために集まったプロテスタントの貴族のなかにはルーヴル宮を宿にした者もいた。一方、ロレーヌ地方に勢力を持ち、コリニーを父親の仇と敵視する急進派カトリックの頭目アンリ・ド・ギーズも兵を率いてパリの右岸に腰をすえた。かつてナヴァールとともに国内巡行に参加した人物である。

式当日、ノートルダム大聖堂の広場は着飾った王族や貴族、そして見物の大群衆で埋まった。大聖堂でミサを受けたのはカトリックの花嫁だけで、その間、プロテスタントの花婿はパリ司教の館で待つという異例の光景となった。それでも呉越同舟の婚宴は四日間にわたって混乱もなく繰り広げられた。

ところが、大宴会の余韻がまだ残る八月二二日の朝、コリニーはルーヴル宮から館へ戻るとき、宮殿近くの建物の窓から狙撃された。弾は急所をはずれ、かれは助かったが、そこはギーズ家と親戚の所有であった。ギーズ家の陰謀と確信したコリニーは王室に真相究明を求め、たちまちパリ中にプロテスタントの報復が始まるといううわさが飛び交った。実際、プロテスタント陣営の多くは武装して警戒にあたっていた。

このとき、パリを事実上支配していたのはギーズであった。パリ市民もほとんどがカトリック側で、王室は判断に戸惑うしかなかった。王の指令で市門が閉じられ、橋の通行が遮断された。緊張が高まるなかで、最初に動いたのはギーズ軍団であった。かれらはサン・バルテルミーの祝日にあたる八月二四日、その前夜から未明にかけてコリニーの館を襲ってかれを血祭りにあげた。

大虐殺は、ルーヴル美術館の東隣にあるサン・ジェルマン・ロクゼロワ教会の鐘が鳴るのを合図に始まった。ゴシック様式に、炎の燃えあがるような形からフランボワイヤン様式といわれるデザインが混じった教会の外観はユニークだ。

サン・ジェルマン・ロクゼロワ教会

リヴォリ通りのコリニー記念碑

ルーヴル宮にいたプロテスタント貴族も引きずり出され、その多くが殺害された。パリだけで数千人のプロテスタントが殺され、「血が小川のように流れた」と同時代人が書き残すほどの惨状となった。この事件に王母カトリーヌ・ド・メディシスがかかわっていたかどうか。諸説あるが、真相は藪のなかである。

フランス王家はプロテスタント派である花婿のナヴァール王に対してルーヴル宮に留まるように求めた。ナヴァール王の母親も犠牲になっていたので、フランス王家はプロテスタントの復讐を警戒し、花婿を事実上の幽閉としたのである。

以後、四年間にわたって若き日のアンリ四世は、いわばルーヴルという宮殿の「黄金の檻」のなかでおとなしく暮らすことになる。

ルーヴル宮の向かい側、リヴォリ通りにアーケードがある。そこの一角に大きなコリニー記念碑が建っている。おそらくパリっ子でもこの記念碑に気づく人はそう多くあるまいし、気づいても謂われを知る人は数すくないと思う。

アンリ四世とポン・ヌフ橋

一五七四年、シャルル九世はこの世を去り、ポーランド王となっていた弟が呼び戻されてアンリ三世（一五五一〜八九年、在位一五七四〜八九年）として即位した。王の趣味の一つは、ルーヴル宮でライオンと猟犬を息が絶えるまで戦わせることであった。

一五七六年二月四日、ナヴァール王は狩りに出かける機会を狙ってルーヴル宮を抜け出し、ピレネー山脈ふもとの故国でプロテスタント指導者としての本来の自分の立場に戻った。妻のマルグリットにも内緒のフランス宮廷からの計画的な逃避行だった。ところが一三年後、かれの運命に直接かかわる殺人事件が発生した。

一五八九年八月一日、アンリ三世はパリ郊外のサン・クルーにあるパリ司教の館に滞在していた。たまたま便器に座って用を足しているところへ、二二歳のドミニコ会修道士が「秘密の手紙を持って参りました」と偽って、王への面会を求めた。門番がことわると、それをトイレで聞きつけた王が「構わないから、入れろ」と命じた。便器に坐ったまま手紙を読んでいる王に対して修道士は隠し持った短刀で切りかかった。

一五時間後にアンリ三世は息絶え、ヴァロワ朝は断絶した。フランス王家の王位継承は傍系のナヴァール王家へ移ることになり、二六年前のノストラダムスの予言は的中した。

一五九四年二月二七日、カトリックに改宗したナヴァール王はシャルトル大聖堂で戴冠し、大国フランスに君臨するブルボン朝の初代アンリ四世となった。王は真っ先にブルボン朝を象徴するモニュメントとして、大ルーヴルの改造とチュイルリー宮の工事再開に取り組んだ。ルーヴル宮とチュイルリー宮を一体化し、宮殿を倍増するという壮大なプランであった。かつて幽閉されていた頃のルーヴル宮の陰気なイメージを一掃するとともに、ピレネー山脈のふもとからやってきた自分の王位継承の正統性を誇示するためにも必要なプロジェクトであった。

カトリック貴族を味方に引き入れたアンリ四世はナントの勅令を発してプロテスタントにカ

トリック同様の権利をいくつか認め、宗教戦争にひとまずピリオドを打った。一方、多情なアンリ四世と王妃マルグリットの間に不和が生じ、別居した。アンリ四世の愛人は総計五六人にのぼるといわれるが、愛人との間にできた子どもをまわりは世継ぎと認めなかった。

跡継ぎを得るにはマルグリットと離婚し、しかるべき女性と再婚するしかなかった。離婚そのものが難題だったが、側近の工作が功を奏してローマ教皇の同意を得た。再婚相手はまたしてもフランス王家が多額の借金を負っていたフィレンツェのメディチ家から選ばれた。二六歳になる令嬢で、メディチ家の持参金に惹かれたのはまちがいあるまい（アンリ四世は見合い用の肖像画から相手の姫君は一〇代後半と思っていた）。

一六〇〇年一二月一七日、アンリ四世はフィレンツェのトスカナ大公、メディチ家のマリー・ド・メディシス（一五七五～一六四二年）と結婚した。六〇万リーヴルの持参金をたずさえて、約二〇〇〇人のお供とともにフランスへ渡ったマリーは、アンリ四世の予想に反して老けていた。王はがっかりしたが、それもそのはずで、イタリアから届いた見合い用の肖像画は彼女が一七歳のときに描かせたものだった。

のちにマリーは自分の居館リュクサンブール宮を飾るためフィレンツェからの輿入れの様子をルーベンス（一五七七～一六四〇年）に描かせた。現在、ルーヴル美術館の一室を占める「マリー・ド・メディシスの生涯」連作二四点がそれで、ルーヴルの人気展示室の一つになっている。一八隻からなる船団がマルセイユの港に到着し、パリへ向かうために二七歳の豊満なマリーが豪華な船から降りるところや、アンリ四世と対面する場面などが華麗な筆致で描かれている。

一六〇一年九月二七日、王妃マリーはフォンテーヌブロー宮で王子を出産し、ルイと名づけられた。ここには王統の正統性を確認する意味が込められていた。ブルボン家はカペー朝の聖ルイ（ルイ九世）の末子を始祖としていた。ルイという命名には、ブルボン家とカペー家との連続性がさりげなくアピールされている。傍流意識に囚われていたアンリ四世はその後も正統性誇示の努力を怠らなかった。モニュメントの建設もその一環で、代表的な例がポン・ヌフ橋だ。

一六〇三年六月二〇日、アンリ四世は右岸と左岸を結ぶパリで最初の石の橋となる完成間近いポン・ヌフ橋の工事現場を視察した。現存するパリ最古の橋は、完成までに二〇年以上の歳月を要した。着工を命じたのはアンリ四世ではなかったが、長く中断されていた工事を再開させたのはかれの英断であった。それまでセーヌ川にかかる木造の橋は両側に建物が建っていたが、王は景観を損なうと拒否した。

がっしりとしたポン・ヌフ橋に建造物は一切なく、新しい橋は見晴らしのよい散歩道となってたちまちパリ市民の憩いの場となった。両サイドには露店や屋台が並び、大道芸人や新聞の売り子、警官にスリと、橋の上は例祭と日曜の歩行者天国が重なったようにごった返した。一六一四年、ポン・ヌフ橋の中央突き出し部分にアンリ四世騎馬像が立てられた。制作したのは彫刻家のタッカ（一五七七～一六四〇年）であった。イタリア人のかれに依頼したのは母国愛に富む王妃マリーであった。この騎馬像はフランス革命で打撃を受け、いまの像は復古王政期に

ルーベンス連作「マリー・ド・メディシスの生涯」展示室（ルーヴル美術館）

ポン・ヌフ橋の中央突き出し部分にアンリ4世像が立っている

アンリ4世とマリー・ド・メディシス王妃の墓（サン・ドニ・バジリカ大聖堂）

アンリ4世騎馬像（タッカ作）

再建されたものだ。

一六一〇年五月一四日、ルーヴル宮を四輪馬車で出たアンリ四世は交通量の多いフェロヌリ街の路上で暴漢に襲われた。王は短刀で胸を刺され、即死だった。力を入れた大ルーヴル改造の完成を見ずに、王は五六歳の生涯を閉じた。

犯人はラヴァヤックという三一歳の狂信的なカトリックで、一三日後、現在のパリ市庁舎前のグレーヴ広場で四つ裂きの公開処刑に処せられた。四頭の馬が男の手足を四方に引っ張った。相当に残酷であるが、そうでもしなければ気が済まないほど、パリ市民のアンリ四世への崇敬の念が強かったということでもあろう。霊廟を見る限り、アンリ四世と王妃マリーは仲睦まじい様子でサン・ドニ・バジリカ大聖堂に眠る。

フィレンツェの面影残すリュクサンブール

ただちに新王が八歳で即位した。アンリ四世の長子としてパリの南七〇キロほどのフォンテーヌブロー宮で生まれ、サン・ジェルマン・アン・レー宮で育てられたルイ一三世（一六〇一～四三年、在位一六一〇～四三年）である。権力の中枢に座ったのは、パリ高等法院の承認のもとに摂政となった王母マリー・ド・メディシスであった。王母はフィレンツェから従ってきた忠臣コンチーニ（一五七五～一六一七年）を頼りにした。可愛がっていた侍女をかれと結婚させたり、元帥に昇格したりとその特別扱いぶりに大貴族らは反感をつのらせたが、どこ吹く風だった。ルーヴル宮に飽きていた王母は、左岸にあるリュクサンブール公爵の広大な屋敷が売りに出されると聞き、自分の住まいを建てるために買い取った。

一六一三年、王母マリーの居館工事が始まった。設計の依頼を受けた建築家ブロス（一五七一～一六二六年）は、彼女の幼い頃の思い出が残るフィレンツェのピッティ宮をイメージした三層構成のルネサンス様式のファサードでまとめた。マリー御殿はメディシス宮と名づけられたが、パリ市民からそう呼ばれることはなく、いつの間にかリュクサンブール宮の名前が定着した。メディシス宮の呼称は無視されたが、建物が存在するかぎりリュクサンブールからフィレンツェの面影は消えないうえ、ルーヴル美術館のルーベンスの連作といい、リュクサンブール公園といい、二一世紀に至ってもその人気の高さに草葉の陰でマリーも満足であろう。

一六一五年、ルイ一三世はスペイン王女アンヌ・ドートリッシュ（一六〇一～六六年）と結婚した。どの時代であれ、英邁な父親のもとで育った二代目は、生き方がむずかしい。そのうえ母親まで男勝りとあっては、なおさら立つ瀬がない。一三歳になれば親政を開始するのは王室の慣例だが、ルイ一三世はとっくにその年齢になっても政治に口出しすらできなかった。王母は実権を手放さず、アンリ四世の側近だった人材をつぎつぎと遠ざけた。やがて悶々とする王の耳にイタリア勢に対する批判、反発の声が頻々と届くようになった。

一六一七年四月、権力のカヤの外におかれていたルイ一三世が行動を起こし、権勢を誇っていたコンチーニをこの世から抹殺するよう指示した。ルーヴル宮のはね橋で母親の寵臣が殺されたと報告を受けて、「やっとわたしは王になった」とつぶやいた。コンチーニの妻も魔女の

ルイ13世像
（ヴォージュ広場）

マリー・ド・メディシスの泉

リュクサンブール宮

バルトルディ作
「自由の女神」

ダロウ作
「ドラクロワへのオマージュ」

シカール作
「ジョルジュ・サンド」

烙印を押され、グレーヴ広場で首をはねられた。五月、王母はブロワ城に幽閉された。

一六一九年、王母マリーはブロワ城を脱出。一度は王から追放された中流地方貴族出身の枢機卿リシュリュー（一五八五～一六四二年）が復権し、かれの仲介で王と王母は和解した。だが、一六三一年、老獪なリシュリューによって王母はフランスを追われ、二度とパリの地を踏むことはなかった。

現在、約二二万平方メートルにおよぶ広大なリュクサンブール公園は、パリ市民のみならず世界各地からおとずれる人々の憩いの場でもある。フランス式とイギリス式を組みあわせた公園へ来たからにはマリー・ド・メディシスの泉へ立ち寄り、創設者へ敬意を表したい。イタリアふうの彫像は、当時の面影を伝えている数すくない作品の一つだ。あとは、一八世紀後半以降のものである。

園内には一〇〇を超える彫像や記念碑、噴水があるけれど、そのなかから気になる三点を選べと問われれば、ニューヨークに寄贈されたかの「自由の女神」像の原形であるバルトルディ作「自由の女神」（一八七〇年）、ダロウ作「ドラクロワへのオマージュ」（一八九〇年）、シカール作「ジョルジュ・サンド」（一九〇四年）をあげておきたい。一九世紀に活躍した女流作家のサンド（一八〇四～七六年）といえば、ピアノの詩人ショパン（一八一〇～四九年）を愛人にした才女。葉巻をくわえ男装の麗人などと呼ばれていたが、このサンド像は世間の風評をくつがえし、しとやかで愛らしい。

第3章
ルイ一四世の時代とその後継者

太陽王ルイ一四世とパリは微妙な関係にあった。ヴェルサイユ宮は絶対君主とパリの相性のわるさの産物だったといえなくもない。とはいえ、ルイ一四世はパリを見捨てることはなく、生涯にわたってこの街に目配りを怠らなかった。パリはルイ一四世の後継者によってさらに発展をとげていくが、そのなかで重要な役割を担ったのは王の愛人たちであった。彼女たちは世間から王室へ向けられた批判を一身に浴びて、結果として王家の防波堤の役目も果たしていた。

フロンドの乱で夜逃げの王家

高速郊外電車一号線でパリ中心部から約二五分、終点のサン・ジェルマン・アン・レー駅で降りると目の前が宮殿だ。その一角には国立考古学博物館があり、チュイルリー宮の庭園も手がけた名高い造園家ル・ノートル（一六一三～一七〇〇年）が設計した広大な庭園はパリ市民の憩いの場となっている。

一六三八年九月五日、ルイ一三世の王妃アンヌはサン・ジェルマン・アン・レー宮で待望の王太子を出産した。一二〇発の祝砲がとどろき、パリ市民は興奮した。とくに八一発目でパリはドッとどよめいた。八〇発で終われば王女だったからだ。ルイ一四世の誕生に街中のあかりが灯され、大通りでは旦那衆によってブドウ酒が振る舞われた。

二年後、また王子が生まれた。オルレアン家の初代当主となるフィリップ（一六四〇～一七〇一年）である。

一六四三年五月、ルイ一三世が病死し、ルイ一四世がわずか四歳で即位した。王母アンヌが摂政となり、枢機卿マザラン（一六〇二～六一年）が実質的な宰相として補佐した。一〇月、王母はルーヴル宮からリシュリューが生前王家へ寄贈した豪邸、のちにパレ・ロワイヤルと名づけられた建物へ移った。マザランもまた同じ邸宅の、王母の寝室近くに自室を確保した。二人は以前から情が通じていた。

「いまだかってこれほどはっきりと王になるべく生まれついた人はいなかった」と後世の史家にいわせたルイ一四世だが、実権を手にするまではたびたび試練に苛まれ、ときには王にふさわしい格式ある生活を保つのも困難であった。血気盛んな貴族が王権に反抗したフロンドの乱のせいである。

サン・ジェルマン・アン・レー宮殿の一方は広大な庭園に面している

パリ市民に親しまれているサン・ジェルマン・アン・レー宮の庭園

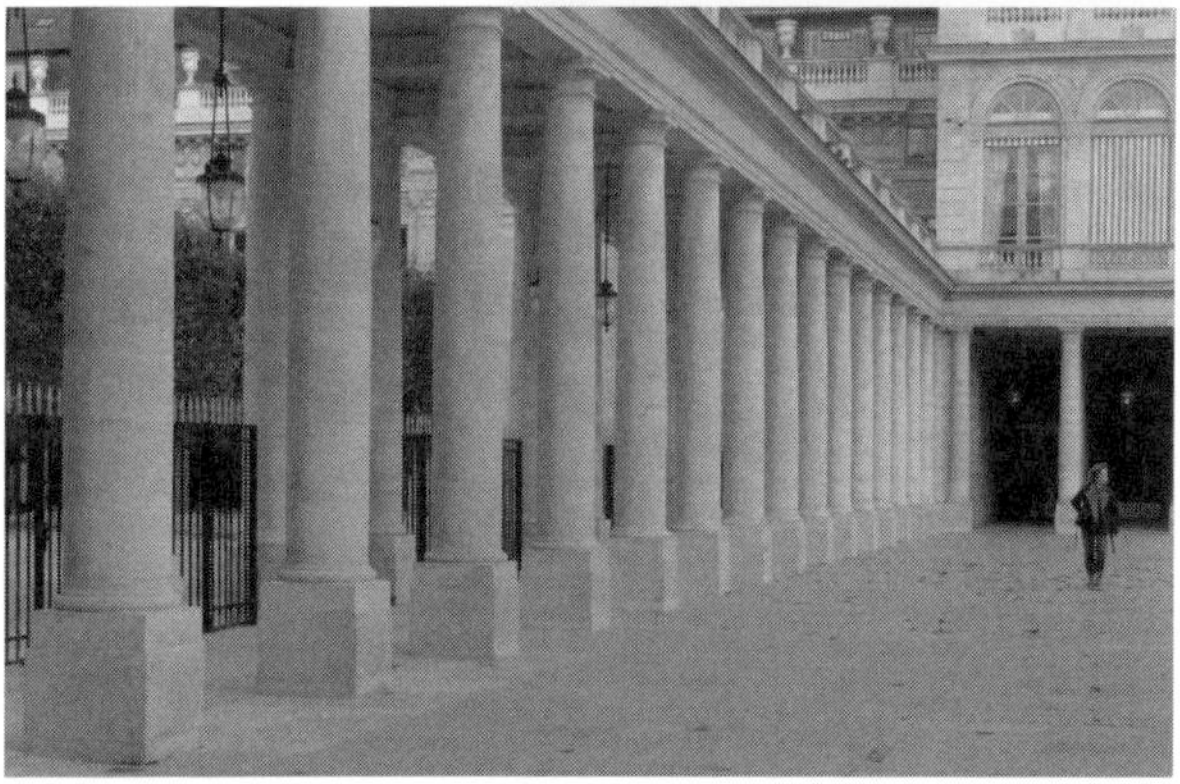

パレ・ロワイヤルは映画のロケによく使われている

ブルボン家をゆるがしたフロンドの乱は、一六四八年から一六五二年にかけて起きた。その頃、わがもの顔に振る舞っていたのはコンシェルジュリーのパリ高等法院を牛耳る法服貴族で、かれらは王権の強大な抵抗勢力となっていた。数十万人はいたといわれるフランスの貴族には、昔ながらの貴族のほかに法服貴族が跋扈していた。ブルジョワジー出身のかれらは官職の売買というフランス特有の制度のおかげで、没落した貴族の株を得て新貴族に成りあがっていた。

フランス全土に一三の高等法院があり、その三割強を管轄するパリ高等法院は突出した力を持っていた。三〇年戦争で財政破産の危機に瀕していた王権はブルジョワジーに重税を課したうえ、法服貴族が独り占めしていた特権に介入しようとした。かれらは一致協力して頑強に抵抗した。パレ・ロワイヤルは抗議の集団に取り囲まれたうえ、傍若無人の法服貴族のなかには宮殿の寝室までのぞき込む者もいて、幼い王をふるえあがらせた。

ルーヴル美術館そばのパレ・ロワイヤルは、パリの歴史を知るうえでとても重要なところだ。広場あり、店舗あり、公園ありのバラエティーに富む一帯は上流、中流、下流の人々の入り混じったところでもあった。王族もいれば娼婦もいるパレ・ロワイヤル周辺はしばしば歴史の震源地となった。

一六四八年、マザランへの批判が一段と高まった。既得権を守ろうとする法服貴族がいっそう攻勢を強め、重税にあえぐ民衆もマザラン邸に投石するなど不満を爆発させた。その頃、フロンドというおもちゃの投石遊びが流行っており、一連の反乱は投石遊びにひっかけてフロンドの乱と呼ばれるようになった。

一六四九年一月六日未明、パレ・ロワイヤルからひそかに四輪馬車が出発した。馬車には一〇歳になったルイ一四世と王母アンヌ、王弟フィリップが乗っていた。向かったのはサン・ジェルマン・アン・レー宮で、いってみれば王家の夜逃げであった。マザランもパリを離れた。

ジェラシーから生まれたヴェルサイユ宮

皮肉にもルイ一四世に絶対権力を与えたきっかけもフロンドの乱だった。ふたたびパリに戻ったマザランが反乱を鎮めて、アメの威力で貴族の力をそぎ、しだいに王権は盤石の態勢を整えていった。宮廷もルーヴル宮に移っていた。マザランは長い間、いがみ合ってきたスペインと和解し、ルイ一四世とスペイン王女マリー・テレーズ・ドートリッシュ（一六三八～八三年）との婚約をまとめた。

一六五九年七月二八日、花嫁を迎えるためルイ一四世はフォンテーヌブロー宮を出発した。スペイン国境近くで結婚式をあげ、ピレネー条約を締結したあと、南フランスをめぐる長旅で、多数の貴族を引き連れた往復一年という王の顔見世をかねた大デモンストレーションだった。

一六六〇年八月、ルイ一四世と王妃マリーは、トローヌ（王座）広場でパリ入城のセレモニーをおこなった。東のはずれ、現在のナシオン（国民）広場である。フランス革命の際はここにギロチンが据えられ、王座広場は名前を王座転覆広場と変えられた。ナシオン広場と名をあらためたのは、一八八〇年七月一四日のこと。フランス革命が起こった日を国民の祭日とする記念式典が、この広場でひらかれたときだ。

一六六一年三月、マザランがヴァンセンヌで没した。二三歳になっていたルイ一四世は頼りになる後ろ盾を失って落胆した。しかし、これを契機に一皮むけた。青年王の親政はゆるやかに始まったが、秘めた情熱は祖父のアンリ四世以上であった。

あえて宰相をおかず、ゆっくりと独裁君主の階段をのぼっていく王のかたわらに財務長官のフーケ（一六一五～八〇年）がいた。フーケは莫大な資金を投じて居館をつくり、王を招待した。建築家のル・ヴォー（一六一二～七〇年）と画家で室内装飾家のル・ブラン（一六一九～九〇年）が設計し、ル・ノートルが庭園を担当した豪壮な建造物に王は圧倒された。このときのルイ一四世のフーケに対する強烈なジェラシーがヴェルサイユ宮造営のきっかけとなった。

ぜいたく三昧の生活をおくるフーケはやがてルイ一四世の信頼を失ってバスティーユの監獄に放り込まれ、陰でかれの失脚工作を画策した重商主義者コルベール（一六一九～八三年）が王の補佐役となった。

ルイ一四世といえば、派手な治世を想像しがちだが、パリにいた頃の王が最も真剣に取り組んだのは道路の清掃やゴミの処理、そしてポリス改革であった。背景に人口増による治安の悪化や目にあまる街の不衛生、ペストの流行があった。

歴代の王と同様、ルイ一四世は狩りを楽しみ、ルイ一三世が好んでいたヴェルサイユの小さな館を父王以上に気に入っていた。やがてルイ一四世はヴェルサイユを狩猟のための休憩所ではなく、この地に大宮殿を構えることを決意した。嫉妬心の威力というべきであろう。長さ六八〇メートルにおよぶヴェルサイユ宮の巨大宮殿の設計を担当したのはフーケ邸を設計したル・ヴォーとル・ブランのコンビで、途中から建築家のマンサール（一六四六〜一七〇八年）も参加した。およそ一〇〇万平方メートルの大庭園のプランもル・ノートルにまかせられた。

その一方でルイ一四世が力を入れたのは軍備の増強であった。絶対王政を支えたのはやはり軍事力で、ルイ一四世時代にフランスは陸軍と海軍の双方で目覚ましい軍拡を果たした。また、徴兵制度の創設もこの時代で、華麗なヴェルサイユ宮のオーナーは根からの武人であった。

サン・ドニ門とサン・マルタン門のちがい

一六七〇年、ルイ一四世はパリ改造に着手した。中世以来、パリを取り囲んでいた防御壁は取り払われ、その跡地はやがて幅三六メートルの道路に変身していく。右岸を半円形にめぐる並木のある大通り（ブールヴァール）が画期的だったのは、車道と歩道をわけた点にある。遊歩道の出現はパリ市民の生活様式に変化をもたらすとともに、交通の利便性と安全、そして都市景観からもすぐれた発想であった。主な市門はいわばスクラップ・アンド・ビルドによってルイ一四世の戦勝を記念する凱旋門として生まれ変わった。そのうち、さいわいにもサン・ドニ門とサン・マルタン門が現存する。

一六七一年、アンヴァリッドの建設が始まった。戦場で傷ついた将兵や老兵のための病院で、ほかに産院や礼拝堂も着工された。現在は軍事博物館や、ナポレオンの墓所となっているドー

サン・マルタン門

サン・ドニ門

ム教会がパリ有数の観光スポットとなって客足が絶えない。

一六七二年、ルイ一四世はライン川を渡って新興勢力のオランダと戦い、敵の内紛に乗じてフランスへ勝利をもたらした。パリ当局は古いサン・ドニ門を取り壊し、ライン戦役の戦勝を祝して二四メートルの凱旋門を開通間もない大通りに建てた。現在のレピュブリック広場の西寄りにあり、新生サン・ドニ門を設計したのはブロンデル（一七〇五～七四年）で、古代ローマの凱旋門を参考にしたバロック的な様式だった。

一八三六年にエトワール凱旋門が完成するまでは、このサン・ドニ門がパリで一番高い凱旋門だった。

一六七四年、サン・ドニ門から東に二〇〇メートルほど離れたサン・マルタン門もルイ一四世のブザンソン奪取を記念する高さ一七メートルの凱旋門に生まれ変わった。王の軍隊はドイツ、スペイン、オランダの三国同盟軍を撃破していた。大通り側の彫刻が、ブザンソンの戦いと三国同盟の解体をあらわしているゆえんだ。設計はブロンデルの弟子であるビュレが担当した。

どちらかといえば厳めしいサン・ドニ門とちがって、サン

・マルタン門は典雅な雰囲気をただよわせている。双方の着工はわずか二年のちがいしかないというのに、それぞれの様式は数世紀の差を感じさせる。

儀式化された宮廷生活

一六八二年五月、ルイ一四世はまだ未完成のヴェルサイユ宮へ移り住んだ。王はヴェルサイユを正式の宮廷所在地として腰を据えた。大貴族らもつぎつぎとそれに見習った。空前の引っ越しとなった。

ヴェルサイユ宮は信じがたいほどにオープンだった。剣を帯びた成人男性なら、おおむね宮殿に出入りできた。剣を忘れたら入り口で貸してくれた。とはいっても、一般人がかんたんに入れるはずもなかったし、それなりの監視体制は敷かれていた。ルイ一四世は子どもの頃に味わった貴族の反乱を決して忘れず、表向きは鷹揚に振る舞いながらも、かれらの処遇に細心の注意を払った。遊ばせ、食わせ、もっともらしい肩書きをたくさん用意したうえ、年金を与えて懐柔した。

もっとも貴族の多くは、かならずしものんびりと宮廷生活を楽しんでいたわけではなく、むしろ毎日が王の信頼を得るための戦いであった。日々、かれらが互いにしのぎを削ったのは、ルイ一四世との距離感であった。王族や重臣、大領主や枢機卿、外国の使節やお気に入りの貴婦人らはともかく、序列が下位の貴族にとってどれだけ王のそばへ近づけるかどうかが、最大の関心事であった。

ルイ一四世はほぼ毎日、同じ時刻に同じことを繰り返していたので行動パターンがわかりやすかった。王はみずからを太陽神アポロンになぞらえて、太陽のごとく規則正しく動いた。朝と晩に人数を絞って引見を許したので、貴族らは王に顔を覚えてもらうために宮殿に日参し、ときには王の起床から就寝まで見届けた。王もまたプライバシーを放棄し、ほとんどすべてをオープンにしていた。イタリアのある貴族は王がトイレで用を足しているときも、取り巻きに囲まれているのを見てびっくりし、そのことを書き残している。

一六八三年、王妃マリーが没した。晩年の王妃は宮廷生活から一歩身を引いて、信仰の日々を過ごしていた。この頃、ルイ一四世の寵愛を受けていたのはドービニエという女官であった。二年後、王は彼女と秘密結婚した。あまりにも身分が低く、とても王妃として公表するのがはばかられたのだが、マントノン夫人（一六三五〜一七一九年）と呼ばれるようになる彼女は聡明な女性だった。王は愛人が政治に口を出すのを嫌ったが、マントノン夫人については歴史家の意見も割れる。彼女はナントの勅令の廃止といった王の重要決定に関与し「フランス史において最も影響力のあった女性の一人」と指摘する歴史家もいる一方で、それとは異なる見方もある。

さて、ヴェルサイユ宮へ入ってみよう。大理石の内庭が必見である。その前の広々としたところが王の内庭。向かって左側の二階にマントノン夫人の居室があった。北翼棟の二階、礼拝堂の間は見学コースのポイントだ。ここからマンサールが設計し、その死後、義弟が完成させた王室礼拝堂を見おろせる。宮殿のなかでルイ一四世がもっとも頻雑におとずれたのは、おそらくこの上階の礼拝堂の間であろう。王が階下の王室礼拝堂へ降りるのは祝祭や式典のときだけであった。

ルイ一四世は毎日午前中に礼拝堂の間へ足を運び、祈りをささげた。神父の説教に退屈した王女が居眠りすると、ひじで突っついて起こした。重臣たちは、ミサが終わる頃までには二階の王の居殿エリアにある閣議の間に集まった。王が戻ると、すぐに閣議がひらかれた。また、閣議に出る資格はないが、王とあいさつを交わしたい貴族は、鏡の回廊で閣議の間へ向かう王を待ち構えた。

鏡の回廊の入り口の前が戦争の間で、大きな楕円形のレリーフが有名なコワズヴォー作「敵を踏みしだく馬上のルイ一四世」だ。これは見過ごしたくない。

むろんヴェルサイユ宮最大の見どころは鏡の回廊である。大庭園に面した中央の二階にある全長七五メートル、幅一〇メートルの回廊はもともと王と王妃の双方の居室を結ぶ通路だった。回廊は式典や祝宴会場、婚礼や仮装舞踏会になる多目的ホールの役割を担った。外国から賓客や使節がおとずれた際は、回廊の突き当たりに王座がしつらえられ、ルイ一四世は光り輝く王冠をかぶって威風堂々と登場した。

大庭園が一望できる大きなアーチ形の一七の窓と、それに向き合う一七の大鏡。そのほかに数百におよぶ中小の鏡が壁面を埋めている。これだけの鏡を使った室内装飾は外国の王宮にもなかった。天井を見あげれば、ルイ一四世の業績をたたえる絵が描かれている。ただし、現在公開されている鏡の回廊は、太陽王の時代の再現とはいえない。近年の大々的な復元にあたっ

ルイ14世騎馬像の背後に広がるヴェルサイユ宮

門扉も華麗なヴェルサイユ宮

レリーフはワズヴォー作「敵を踏みしだく馬上のルイ14世」

礼拝堂の間から王室礼拝堂を写す

鏡の回廊

ては、一七七〇年のルイ一六世（一七五四〜九三年、在位一七七四〜九二年。当時は王太子）とアントワネット（一七五五〜九三年）の結婚披露宴のときの室内装飾が参考にされたからだ。

その後、鏡の回廊は何度か歴史の表舞台になった。一八七一年初頭、プロイセン王ヴィルヘルム一世（一七九七〜一八八八年）がナポレオン三世（一八〇八〜七三年）率いるフランス軍を破って、ドイツ帝国皇帝を宣言したのもここだった。一九一九年初夏には、鏡の回廊で第一次世界大戦終結のヴェルサイユ条約が調印された。

ヴェルサイユ宮の大庭園は花と噴水で彩られ、前方には運河が見渡せる。左右対称や直線のつづくフランス特有の庭園形式のところどころに青銅や大理石でつくられた彫刻が立ち、広大な一幅の絵のような迫力を感じさせる。ルイ一四世は建物以上に大庭園を重視し、樹木一本の配置にもこだわった。一六八〇年代の宮廷は、そういう余裕があるほどに平和であった。

ヴィクトワール広場とヴァンドーム広場

パリの一等地にルイ一四世におもねるためにつくられた広場が二か所もある。ヴィクトワール広場とヴァンドーム広場で、いずれも有名ブランドが軒を並べる人気度抜群のところだ。

一六八五年、ルイ一四世はナントの勅令を廃止した。プロテスタントの非合法化で約二〇万人のフランス人が国外に去った。現代のメディアなら王権批判で沸騰するだろうが、当時は比較的好意的に受けとめられた。この年、パレ・ロワイヤルの近く、一区と二区にまたがったところにルイ一四世の戦勝をたたえるヴィクトワール広場が完成した。フィヤードという大貴族が王に媚びて企画し、かれの依頼により、円形広場を囲む建物のファサードは、王の信頼あつい建築家マンサールが設計した。広場中央に立つ戴冠式の礼装をした王の彫像もフィヤードの指名で彫刻家デジャルダンが制作し、一六八六年に除幕された。だが、フランス革命のときに破壊され、現在の騎馬像は一八二二年にボジオという彫刻家が制作したものである。

現在、ヴィクトワール広場で目立つのは、くすんだルイ一四世像よりファッションデザイナー高田賢三（一九三九年〜）が創業した「ケンゾー」のメゾンのほうだろう。ここだけでなくシャンゼリゼ大通りのルイ・ヴィトン本店近くの「ケンゾー」のショーウインドーも通行人の目をひきつけている。

いまは太陽王よりケンゾー

ルイ一四世の周辺では、もっとスケールの大きい広場のプランを練っていた。ヴィクトワール広場からそう遠くないところにあるヴァンドーム家の屋敷を購入し、ここに壮大な王の広場をつくるという案だった。オペラ広場、マドレーヌ広場、コンコルド広場とそれぞれほぼ同じ距離にあるヴァンドーム広場もまたマンサールの設計であった。ヴァンドーム広場をぐるりと囲む建物のファサードは、いまも往時の面影をとどめている。昔もいまも広場に木は一本もないが、それは設計者の意図であった。

一六九九年、広場中央に高さ一〇メートル、幅三メートルの台座が置かれ、その上に高さ七メートルの白大理石のルイ一四世騎馬像が立てられた。王はローマふうの衣装をまとっていた。馬蹄に鋳造された日付があり、一六九二年八月一二日となっている。それからちょうど一〇〇年後の一七九二年八月一二日、ルイ一四世像は革命急進派になぎ倒されてしまうのだ。

ルイ一四世像はどれも大きいが、実際の王は小柄で、ハイヒールをはいて大柄に見えるようにしていた。一六五八年にかかった病気で髪の毛も抜けて、かつらは欠かせなかった。現在、ヴェルサイユ宮をはじめとする威風堂々としたルイ一四世騎馬像もボリュームたっぷりのかつらのおかげといえよう。

巨大な王の騎馬像がヴァンドーム広場に立った年の正月、ヴェルサイユ宮ではルイ一四世から王女、枢機卿、貴族、はてはそれぞれの召使いまで巻き込んで大

ヴィクトワール広場

論争が展開された。儀式とおしゃべりで明け暮れる宮廷の、このときの侃々諤々のテーマは、「つぎの世紀は一七〇〇年から始まるのか、それとも一七〇一年から始まるのか」というマジメなものであった。正解は後者だが、宮殿に出入りする職人まで論争に参加したという。ヴェルサイユには、こんなのどかなひとときもあったのだ。

一七一〇年、延々と工事をつづけてきたヴェルサイユ宮がついに完工の日を迎えた。着工から五〇年近い歳月が経っていた。その間、延べにして三万六〇〇〇人を超える職人や作業員が投入された。ただ、壮麗な宮殿のもとに栄華をきわめるブルボン家にいつしか不吉な影が忍び寄っていた。痔や通風に悩むルイ一四世はしだいに外出の機会が減り、これまで公開してきた日常生活もだんだん見せなくなった。

そのうちに王太子が病魔にとりつかれ、四九歳でこの世を去った。翌年には王太子の長男も麻疹にかかって二九歳で没した。直系の跡継ぎが二代にわたってこの世を去ったのだ。後世の史家は絶対権力者として君臨していた頃のルイ一四世をクローズアップするが、晩年はヴェルサイユ宮の冷え冷えとした一室で身を切られるような試練にじっと耐えていたのである。

一七一五年八月三〇日、ルイ一四世は危篤状態となった。王の言いつけ通り、マントノン夫人は臨終を看取らず、ヴェルサイユ宮を去った。九月一日、王は誕生日まで三日を残して七六歳で生涯を終えた。「わたしは去るが、国家は永遠につづく」が太陽王の最後のことばであった。即位してから七二年、親政を開始してから五四年の治世で、あとに莫大な負債が残された。涙を流す人はほとんど見られず、宮廷はむしろ開放感に包まれた。

ルイ一五世とポンパドゥール夫人の時代

新王となったルイ一五世はまだ五歳の巻き毛の髪の可愛らしい子で、ルイ一四世の曽孫（ルイ一四世の王太子の長男の三男）になる。曽祖父からバトンタッチされた君主というのは、史上初にしておそらくルイ一五世が最後になるであろう。摂政として王権を担ったのはルイ一四世の甥、オルレアン公ルイ・フィリップ（一六七四〜一七二三年）だった。

ルイ・フィリップはヴェルサイユ宮を敬遠し、宮廷政治の舞台はパリへ移った。幼い王はルーヴル宮に住んだ。

ルイ・フィリップは好色のうえ、歌や踊りで盛りあがる宴会が大好きだった。不美人でも陽気で酒が飲めれば可愛がった。「どうして不細工な女ばかりとつき合うの？」と母親に聞かれ、「どんな猫も夜は灰色でしょう」と答えるような人物であった。かくして摂政のいるパレ・ロワイヤルは享楽の館となった。とはいえ、かれは昼の公務はきっちりとこなし、危機管理能力もあった。

一七二二年六月、一二歳になったルイ一五世はヴェルサイユ宮へ移った。幼い頃の思い出が忘れられなかったのである。その後、ルーヴル宮とチュイルリー宮の間には小邸宅や掘っ建て小屋が無秩序に建てられ、貴族からホームレスまでが住むようになった。宮殿も細かく間仕切りされて庶民の生活の場になった。

一七二三年、ルイ一五世は親政を開始し、枢機卿のフルーリー（一六五三〜一七四三年）が少年王を補佐した。堅実な実務家タイプのフルーリーの二〇年間におよぶ宰相時代は王権も安定した。一七四三年にかれが没すると、王の愛人たちが発言力を持ち始めた。なかでも寵愛されたのはポンバドゥール侯爵夫人（一七二一〜六四年）であった。

ルーヴル美術館にパステル画家ラ・トゥール（一七〇四〜八八年）が描いたポンバドゥール夫人の肖像画がある。ロココ芸術を代表する画家ブーシェ（一七〇三〜七〇年）は彼女のお気に入りで何枚もの肖像画を残したが、双方を比べればラ・トゥールのほうがずっと理知的に描いている。

美貌だけでは寵妃の地位は保てない。体が弱かったポンバドゥールとルイ一五世の性的な関係はわずか数年しかつづかなかった。だが、彼女は寝室をともにしなくなったあとも王の相談相手となって、二〇年間にわたって宮廷の中心にいた。ヴォルテール（一六九四〜一七七八年）やディドロ（一七一三〜八四年）ら啓蒙思想家とつき合っていた彼女の知性や洗練された会話術はずば抜けていた。ディドロらは一七五一年から二〇年以上かけて百科全書を完成させるが、ポンパドゥールの肖像画はその第一巻を手にしている。

ポンバドゥールの父親は典型的なブルジョワジー出身で徴税請負人の会社を営んで財をなした。徴税請負人は徴税をビジネスとし社員を使って集めた税金を国庫に納めて、その一部を手数料として受け取っていた。ポンバドゥールは二〇歳で結婚し、パリ郊外の住まいで一子をもうけた。その家は宮廷の狩猟地のそばにあったが、あるとき、ふだん貴族しか参加できない王の狩りに隣近所の縁で招かれた。そこで目に止まった彼女を王はやがてヴェルサイユ宮へ住まわせ、侯爵夫人という称号まで与えた。

ルイ一五世はポンバドゥール夫人のために邸宅をいくつか用意した。その一つにエリゼ宮があり、現在、大統領官邸となっている。

ポンバドゥールは現在のセーヴル磁器博物館の前身、王立セーヴル工場の育ての親であった。ドイツのマイセンがパリで人気を博していたのに我慢できなかったポンパドゥールは、ヴァンセンヌの森にあった磁器工場をセーヴルに移し、世界的な高級磁器にするうえで貢献した。そのセーヴル磁器博物館はメトロ九号線の終点ポン・ド・セーヴル駅から歩いて四、五分のところにある。数年前、ここに来たとき、宣伝ポスターを飾っていたのは有田焼だった。館内に入ると、有田焼のほかに現代日本人アーティストの作品が何点も展示されていて、誇らしい気分になったものだ。

一七四四年、ルイ一五世は出陣中のフランス北東部のメスで病に伏した。王の戦歴はかんばしくなく、フランスは多くの植民地を失った。それでも民衆はブルボン家に反旗を翻すことはなかった。病床の王がすがったのはパリの守護聖人、ジュヌヴィエーヴだった。やがて健康を取り戻した王は、感謝を込めて古くなったジュヌヴィエーヴ教会の建て直しを思い立ち、教会再建を建築家のスフロ（一七一三〜八〇年）に依頼した。王が望んだのは威厳ある建物で、スフロもバチカンのサン・ピエトロ大聖堂を意識して設計したが、ジュヌヴィエーヴの丘は地盤が盤石といえず工事は難航した。ジュヌヴィエーヴ教会がパンテオンとなったのはすでにふれ

セーヴル磁器博物館

ラ・トゥール作「ポンパドゥール夫人の肖像画」（ルーヴル美術館）

コンコルド広場

たようにフランス革命期である。

ルイ一五世のもとで建築全般の指揮をとっていたのはポンパドゥールの弟、マリニーであった。かれの意向でルーヴル宮一帯のリニューアルが敢行されることになった。ルーヴル宮とチュイルリー宮の間に密集して建てられていたものは、すべて一掃するという大作戦を託されたのもスフロであった。

一七五五年、王の病気全快を祝してチュイルリー宮殿の前庭とシャンゼリゼ大通りに広がる八万四〇〇〇平方メートルの土地を整備して、ルイ一五世広場の建設が始まった。現在のコンコルド広場であるが、広場の設計コンクールで選ばれたのはガブリエル（一六九八〜一七八二年）の案だった。

八角形の広場を濠で囲み、それぞれの隅に八大都市（リール、ストラスブール、リヨン、マルセイユ、ボルドー、ナント、ブレスト、ルーアン）を象徴する女性の彫像を配置し、中央に王の騎馬像がすえられた。騎馬像をはさんで広場の北側と南側に川と海をテーマにした噴水が二つ配置されたが、これもサン・ピエトロ広場を参考にしている。だが、ルイ一五世広場のその後の歴史は、バチカンの広場のようにおだやかなものではなかった。

第4章

マリー・アントワネットとフランス革命

マリー・アントワネットはフランス革命を招いた張本人のように思われているが、果たしてそうだったのか。当時、巷に流布したうわさや風刺画の多くは偏見に満ちていた。身内のブルボン一族からも「ヒステリックでだらしないオーストリア女」というアントワネット像が執拗に流された。現代のアントワネット像も多かれ少なかれオーストリアの作家ツワイク（一八八一～一九四二年）の伝記に影響されている。たしかに類書のなかで群を抜く力作で、フロイト研究者であるだけにその心理分析は圧巻だ。ただ、ルイ一六世に対する偏見は否めず、ツワイク史観を鵜呑みにするわけにはいかない。

それにしてもフランス革命の惨状は凄まじい。いまもなお賛美のことばで語られることもある大革命だが、あれほどのモニュメント好きでありながらパリ市民は栄光の大革命を記念する円柱や記念碑をつくらなかった。いってみれば、これも歴史のナゾの一つである。

ウィーンの女帝の悩み

おとぎ話に出てくるような可愛いカップルの誕生であった。

一七七〇年五月一四日、一五歳の王太子ルイ、のちのルイ一六世はコンピエーニュの森でマリー・アントワネットと初めて顔を合わせた。ジャンヌ・ダルクが捕まったところだ。ルイ一五世には二人の息子がいたが、息子も孫もつぎつぎと他界し、結局、長男の三男が王太子となった。これまでフィレンツェやマドリードの姫君を迎えていたブルボン家は、ウィーンのハプスブルク家から王太子妃を迎えることになり、一五人を産んだオーストリア大公マリア・テレジア（一七一七～八〇年）の末娘アントワネットが選ばれた。

一四歳のアントワネットはフランス領土へ足を踏み入れる直前、身に着けていたものをすべて脱いで下着までフランス製に取り換えた。国境を越えたら、骨の髄までフランス王族になるようにとのマリア・テレジアの意向であった。一〇歳のときに父親を亡くしたアントワネットにとって母親と神聖ローマ帝国皇帝の長兄ヨーゼフ二世（一七四一～九〇年、在位一七六五～九〇年）が頼りであった。

五月一六日、ヴェルサイユ宮の鏡の回廊は数千人におよぶ貴族らでごった返していた。世紀の結婚式は午後一時からヴェルサイユ宮の礼拝堂でおこなわれることになっていたが、式に参列できるのは王族や大貴族らごく限られていた。その他大勢の貴族は鏡の回廊で礼拝堂へ行く花嫁をひと目見ようと立ち並んだ。

祝宴はヴェルサイユ宮に新築されたオペラ劇場でひらかれた。舞台上に設けられた特設テーブルはわずか二二人分だけで、特別入場券を得た多数の貴族らが客席で饗宴を見守った。初夜の儀式も慣例にそってすすめられ、ルイ一五世が王太子に寝間着を渡し、ランス大司教が聖油をまいてベッドを清めたあと、やっと寝室のカーテンが閉じられた。この夜、王太子はアントワネットに指一本ふれなかった。以後も、不正常な状態がつづき、それはなんと七年間に渡ってウィーンの女帝を悩ませることになる。

さりとて王太子がアントワネットを大切にしなかったというわけではない。むしろ歴代のフランス王のなかで最も王妃を愛したのは、生涯にわたって一人の愛人も持たなかったルイ一六世であった。

半面、ルイ一五世のほうは若い女性にうつつを抜かし、ついにはヴェルサイユ宮の近郊に鹿の苑と呼ばれるハーレムをつくった。そのなかにいた一人の小娘が王をとりこにし、公認の愛人としてヴェルサイユ宮へ迎え入れられた。下層階級出身のデュ・バリー夫人（一七四三〜九三年）である。

宮廷には婚期を逸したルイ一五世の娘が三人いた。父王の愛人を極度に嫌っていた姫たちは、王太子妃にデュ・バリーに対する悪口雑言を吹き込んだ。もともと王の女性関係に不快感を持っていたアントワネットはデュ・バリーを完全に無視し、愛人の告げ口にルイ一五世は機嫌を損ねた。これらの出来事はすぐにウィーンの女帝へ伝わった。ヴェルサイユに駐在するオーストリア大使はアントワネットの言動をウィーンに詳しく報告していたので、フランスとの同盟関係を気にする母親は末娘を叱責した。アントワネットは祖国のために渋々デュ・バリーに一度だけ、それも一言、声をかけた。

信じがたいことにアントワネットはフランスへ来てから三年間、パリをほとんど知らなかった。一七七三年六月八日、馬車にゆられて二時間、王太子夫妻は正式にパリを訪問したが、その数週間前、二人はお忍びでパリへ出かけていた。夜、仮装して馬車に乗り、オペラ座でひとときを過ごし、翌朝のミサが始まる前にヴェルサイユへ戻った。以来、アントワネットは夜行動物のような行動をしばしば楽しむことになる。

一七七四年一月三〇日、アントワネットは王太子をヴェルサイユ宮に残してパリにあらわれ、オペラ座で催された仮装舞踏会を満喫した。このとき、彼女が近寄って話しかけたのはスウェーデン貴族のフェルセン（一七五五〜一八一〇年）だった。その後、かれはヴェルサイユでひらかれる舞踏会に出入りするようになった。

四月二七日、ルイ一五世は狩りの最中に頭痛に襲われ、ヴェルサイユ宮から一・五キロほど離れたグラン・トリアノンに引きあげた。グラン・トリアノンはルイ一四世以来、愛人と過ごす別邸となっていた。かつて、ルイ一四世は宮殿から船に乗って運河を通ってやってきた。それはともかく医師団は天然痘を患ったルイ一五世をグラン・トリアノンからヴェルサイユ宮へ移した。王の娘三人と愛人のデュ・バリーが付き添い、ブルボン家の家訓にしたがって王太子

コンピエーニュ宮

ヴェルサイユ宮のマリー
・アントワネットの寝室

グラン・トリアノン

夫妻の見舞いはなかった。王位継承者を感染から防ぐためだった。

余談になるが、二〇一八年になってグラン・トリアノンが突如としてメディアの注目を浴びた。ルノーのゴーン元会長が二〇一六年一〇月、再婚したときの結婚式場としてグラン・トリアノンを借り切るため、日産の資金六一〇万円を私的に流用していたというのである。

余命いくばくもないのを悟ったルイ一五世は、デュ・バリーにヴェルサイユ宮を立ち去るよう伝えた。王の指示がなくとも彼女は宮殿を追放される運命にあった。五月一〇日、ルイ一五世はこの世を去った。

一七七五年、ランスで戴冠式をあげたルイ一六世はアントワネットとともに建設中のジュヌヴィエーヴ教会（のちのパンテオン）へ向かう途中、ルイ大王学院へ立ち寄った。そのとき、ルイ一六世をたたえる詩を朗読した一七歳の学生は、のちに王の死刑を執拗に求めたロベスピエール（一七五八～九四年）だった。

王妃の村里

マリー・アントワネットといえば、やはりプティ・トリアノンであり、王妃の村里だ。ヴェルサイユ宮と庭園だけを見て、パリへ戻ってしまうのはじつにもったいない。できればヴェルサイユには丸一日をあてたいものである。

ルイ一六世は四回目の結婚記念のとき、アントワネットにグラン・トリアノンからほど近いところに建つ八部屋の瀟洒《しょうしゃ》な館、プティ・トリアノンをプレゼントした。プティ・トリアノンは贅沢三昧にふけったアントワネットを象徴するような建物に見られているが、発案したのはポンパドゥールである。ポンパドゥールは完成前に亡くなったため、アントワネットが自分のためにつくらせたように誤解されてしまった。

一七七七年四月一九日、アントワネットの長兄ヨーゼフ二世がヴェルサイユ宮をおとずれた。妹から不自然な夫婦生活を打ちあけられていた長兄は義弟ルイ一六世と話し合い、性的不能の原因となっている包茎の手術をするよう進言した。その助言にしたがった結果、王夫妻は結婚七年目にしてようやく正常な関係となった。

一七七八年二月六日、ルイ一六世はイギリスへの強い対抗心から開戦を決意し、アメリカ独立軍と攻守同盟を結んだ。王は英字新聞の隅々に目を通して情勢分析を怠らなかった。かくして数千人のフランス遠征軍がアメリカに派遣された。これとはべつに血気盛んな二〇歳の貴族、ラファイエット（一七五七〜一八三四年）も義勇軍を結成し、王の渡航禁止をものともせずに新大陸へはせ参じ、アメリカで英雄あつかいされた。

だが、ルイ一六世の賭けは裏目に出た。アメリカ遠征に莫大な費用を投じたにもかかわらず、得たものはすくなかった。パリ市民の間では参戦による国家財政の逼迫《ひっぱく》よりも王妃の浪費がクローズアップされ、バッシングの標的となった。

フェルセンが四年ぶりにヴェルサイユ宮へあらわれた。もうかれを覚えている宮廷人はほとんどいなかった。だが、アントワネットは忘れていなかった。

八月二五日、フェルセンと再会したとき、「昔、お会いしましたね」と王妃は目を輝かせた。以来、フェルセンはプティ・トリアノンに出入りするようになった。かれは情熱家であったが、分別もあった。アメリカ独立戦争に加わることで、ヴェルサイユから離れたのであった。一二月一九日、アントワネットは長女マリー・テレーズ（一七七八～一八五一年）を出産した。

一七八〇年一一月二九日、アントワネットの唯一の理解者だったマリア・テレジアが死去した。心の支えを失った王妃は、やがてトリアノンの池のまわりに人工の村里をつくるプランに熱中した。哲学者ルソー（一七一二～七八年）の「自然へ帰れ」に共鳴する上流人の間で、農民暮らしのまねごとを楽しむ風潮が流行っていたのである。

一七八一年一〇月二二日、アントワネットは待望の長男ルイ・ジョセフ（一七八一～八九年）を出産した。子育てをしながら王妃は土壁の農家が点在する村里づくりに着手した。小川が流れる一帯に水車小屋や洞窟もつくられ、農場ではヤギやヒツジが飼われた。四年の歳月をかけた王妃のドリームランドだった。作業所の外壁はわざとひび割れされていたが、内装は高価な大理石がふんだんに使われていた。そこで農婦の格好をしたアントワネットは乳をしぼり、チーズづくりを楽しんだ。

アントワネットの一番のお気に入りは一見長屋ふうの王妃の家と呼ばれる建物だった。凝ったらせん階段と渡り廊下。王妃は二階の居間に子どもたちと引きこもり、心を許した取り巻きと過ごした。

プティ・トリアノンの二階へあがると、女性画家ルブラン（一七五五～一八四二年）が描いた

プティ・トリアノン

王妃の村里

お気に入りだった王妃の家

ルブラン作「マリー・アントワネットの肖像」(プティ・トリアノン)

アントワネットの肖像が掲げてある。王妃から信頼され、友人のように遇されたルブランは、美人であったようで彼女の自画像はなかなか魅力的である。

一七八五年二月、ルイ一六世はアントワネットの願いを聞き入れ、ヴェルサイユよりもずっとパリに近いサン・クルー宮を購入した。この宮殿も王妃のお気に入りとなる。

三月二七日、アントワネットは次男のルイ・シャルル（一七八五〜九五年）を出産した。長子のルイ・ジョセフが病弱で王家の不安のタネであったが、「この子は農民の子のように生気にあふれています」と王妃が手紙に書くほど元気がよかった。この子が悲劇の王子として歴史に刻まれることになるとは、神のみぞ知るであった。

首飾り事件という濡れ衣

いつの間にかマリー・アントワネットは奇妙な事件に巻き込まれていた。しかも、彼女がそれを知ったのは事件の終幕間際であった。

一七八五年八月一五日、ヴェルサイユ宮の鏡の回廊で大勢の貴族があっけにとられるなかで、突然、ロアン枢機卿という高位の聖職者が逮捕された。後世に語り継がれる首飾り事件があかるみになった瞬間で、巷にはアントワネットへの非難の声が飛び交った。国家財政が危機に瀕しているというのに、宝飾店「メレリオ」に高価な首飾りを注文していたと。

ダイヤが六四七個（全部で二八〇〇カラットあった）も使われていた首飾りは、現在の価格で二〇〇億円は下らないといわれる。アントワネットは名前を使われただけであったが、詐欺師らの巧みなお芝居で王妃のイメージ低下に決定的な影響を与えた事件であった。

首飾りの発注者はアントワネットではなく、ベーマーというユダヤ人宝石商だった。かれはルイ一五世が愛人デュ・バリーのために購入してくれるという感触を得ていたのか、豪華な首飾りの製作を頼んでいた。誤算はルイ一五世の急死で、焦ったベーマーはアントワネットに目星をつけた。王妃の宝石好きはまちがいないが、その頃は村里づくりに夢中だった。ルイ一六世が宝石商のすすめに乗ろうとしたとき、「フランスは宝石よりも軍艦を求めています」と彼女が言い放ったというエピソードはあながちつくり話とも思えない。

折も折、ベーマーのもとへロアン枢機卿から「王妃が首飾りを買いたいそうだ」という耳寄りな話が届いた。アントワネットに嫌われていたロアンは、なんとか王妃の信頼を得たいと思っていた。そのロアンにラ・モット伯爵夫人と称する狡猾な愛人がいて、手練手管を駆使して枢機卿からカネをむしり取っていた。愛人ラ・モットは宙に浮いた格好の高価な首飾りも手に入れようとはかりごとをめぐらし、ロアンに「王妃が首飾りをほしがっています」とウソをつき、なんと実際にアントワネットと立ち話する場もつくって枢機卿を信用させた。むろん王妃が応じるわけもなく、ラ・モットの計略にそって闇につつまれたヴェルサイユ宮の庭園で王妃の替え玉に芝居をさせたのであった。

かくしてラ・モットは「四回の分割払いで購入する」というアントワネットのサイン入り契約書まで偽造し、ロアンを介してまんまと宝石商から首飾りをだまし取った。

第一回目の支払い期限がきて、前代未聞の詐欺事件は発覚した。名前を使われたうえ、悪人にされたアントワネットが激怒したのは当然である。鏡の回廊で逮捕されたロアンはバスティーユ監獄にぶちこまれた。その後、ラ・モットも投獄されたが、彼女の共犯者は首飾りを持ってまんまと逃亡し、くだんの首飾りはばらばらにされてイギリスで売りに出された。

パリ市民は首飾り事件に興奮した。ヴェルサイユから伝わってくるうわさの主人公は高価なネックレスを注文したというアントワネットで、しかもロアンとは不倫の関係にあるという筋立てであった。巷ではロアンは王妃に利用された被害者と見なされたうえ、一七八六年五月三一日、パリ高等法院はロアンを無罪とした。一人悪者にされた身重のアントワネットは、激しい怒りを覚えた。濡れ衣を着せられたうえ、侮辱されたのである。唯一の救いは、ルイ一六世が事件解明に全面的に協力してくれたことであろう。七月九日、王妃は次女を出産したが、一〇か月後に夭折した。

ルイ一六世こそ改革派

一七八六年八月二六日、財務長官カロンヌ（一七三四〜一八〇二年）は財政改善計画をルイ一六世に提出した。破綻が近づいた国家財政を救うためにさまざまな特権を廃止しようという大胆な提案であった。だが、途端にすさまじい反論が飛び交った。教科書的にいえば、フランス革命の発端は二年後の全国三部会の開催からとされるが、事実上はここで大革命の幕が切っておろされた。

ルイ一六世といえば、愚鈍で先見の明のない無能な王というイメージが定着している。たしかにそう見られても仕方のない面もあったが、決して無能ではなかった。王は独学で英語、イタリア語、スペイン語を習得し、たとえばイギリス下院の議事録を丹念に読んでいた。国際関係や安全保障に人一倍関心を持っていたのである。

イギリスとちがって良港に恵まれなかったフランスが北西部の小さな漁村だったシェルブールに念願だった大艦隊の入港可能な軍港を建設できたのはルイ一六世の実績といってよい。また、王は早い段階から財政への目配りもそれなりに怠らず、高位聖職者や大貴族の嫌がる税制改革に真正面から取り組んでいた。カロンヌの財政改善計画も王の意向による。

ルイ一六世はかれなりに人材発掘にもつとめた。パリで活躍する銀行家のネッケル（一七三二〜一八〇四年）はジュネーブ生まれの外国人だったが、一七七六年に財務長官に登用している。

ルイ一六世は神経も図太かった。いつ、いかなるときも決してあわてず、どんな重大事を控えていようと、食欲はおとろえないうえ、たっぷりと熟睡できた。こういう性格をどう解釈するかは人さまざまであろう。熱心に政務を見ていたが、狩りに多くの時間を割いていたのはたしかだし、ひきこもりの癖もあって時折、宮殿の作業所で鍵と錠前づくりに没頭していたのも事実である。

巷にはルイ一六世とマリー・アントワネットを揶揄《やゆ》するパンフレットが出まわった。王妃の尻に敷かれた王は、小太りでさえない小男に描かれていた。実際は身長一九二センチの長身で、狩りで鍛えた体は肖像画ほどには太っていなかった。この時代、重要なメディアの役割を持つ君主の肖像画は貫禄をつけるためにいくぶん太り気味に描かれていた。作家ツワイクのルイ一六世評も食欲旺盛な肥大漢で鈍感のうえ決断力に欠けるというものだが、そうともいえない。結果を出さなければ、高官の首をすげ替えた。

たとえばブルジョワジー出身の財務長官ネッケルは高等法院や民衆の受けはよかったが、その場しのぎのところがあった。税収のほとんどは借入金の利息に消えた。財政はにっちもさっちもいかなくなり、ルイ一六世はネッケルを退け、一七八三年にカロンヌに代えていた。

一七八七年二月二二日、ヴェルサイユで名士会議がひらかれた。構成メンバーは王族、高位聖職者、大貴族ら一四四人で、カロンヌの提起した財政改善計画が議題であった。案の定、反対意見が優勢を占めた。ルイ一六世とカロンヌは世論に期待したが、世論の反応は鈍かった。むしろ野に下ったネッケルの評判が高まった。カロンヌの交代を求める策謀も始まり、そのなかにアントワネットもいた。四月六日、ルイ一六世は周囲の重圧に抗しきれずカロンヌを解任したばかりでなく、パリから追放した。

七月一六日、高位聖職者や大貴族のバックアップのもとにパリ高等法院はルイ一六世の税制改革を拒否し、全国三部会を招集して、そこで新税制を議論することを求めた。筆頭王族オルレアン公ルイ・フィリップ二世（一七四七〜九三年）も高等法院側に立って王権に対抗し、やがて反王党派のリーダー格となっていく。

税制改革に失敗したルイ一六世は次第に覇気を失い、必然的にアントワネットの発言力が増した。国家財政が悪化の一途を辿るなか、王は世論に受けるネッケルにふたたび財政を任せることを決意し、ネッケルは全国三部会の招集を条件に受諾した。こんどは財務長官より格上で宰相に等しかった。ネッケル再登板にパレ・ロワイヤル周辺では歓呼の声が沸き起こった。

ヴェルサイユの球技場の誓い

いよいよフランス革命の本舞台である。

一七八九年五月四日、ヴェルサイユのサン・ルイ教会で全国三部会の議員が勢ぞろいして開会式がひらかれた。フランス全土から一一三九人の代議員が集まった。聖職者代表（第一身分、二九一人）、貴族代表（第二身分、二七〇人）、それに教科書的にいえば平民代表（第三身分、五七八人）である。平民といっても実際は地主や商工業者、法律家や製造業者、銀行家や徴税請負人といった富裕層がメンバーであり、本書では実体に即して、以後、ブルジョワジー代表と言い換える。

五月五日、三部会はヴェルサイユのパリ大通りにあったムニュ・プレジール館の大講堂でルイ一六世の出席のもとにひらかれた。ネッケルが三時間にわたって演説したが、中身に乏しく議場に失望が広がった。紛糾したのは、会議の運営についてであった。

ブルジョワジー代表は、これまでのような身分別に採決する方法に異を唱えた。かれらはアンシャン・レジーム（旧体制）を見限り、近代的な議会を視野に入れていた。あわよくば、高位聖職者や大貴族を排除してでも、自分たちの政体をつくろうと考えていたのである。

結局、それぞれべつの場所で協議することになり、人数の多いブルジョワジー議員は大講堂に残り、聖職者議員と貴族議員は用意された特別室に移った。

六月三日、王太子が息を引き取った。七歳と三か月であった。三部会の議員たちは王位継承者の死にほとんど無関心で、それが一層マリー・アントワネットを悲しませた。四歳の次男ルイ・シャルルが王太子になった。

六月一八日、ロベスピエールはブルジョワジー議員が集まる大講堂で聖職者会議に代表を送ろうと三〇分にわたって熱弁を振るった。まだ学生だった頃、即位したばかりのルイ一六世をたたえる詩を朗読した人物である。聖職者との合流をうながす演説は、かれが政界で頭角をあらわすきっかけとなった。一九日、聖職者会議は賛成一四九、反対一三七でブルジョワジー議員との合流を決めた。聖職者議員は司教や修道院長といった上位グループと司祭や修道士らの下位グループに二極化され、ブルジョワジー議員との共闘に踏み切ったのは後者であった。

両派による大講堂会議には国民議会という名称がつけられ、議長に天文学者バイイ（一七三六～九三年）が選ばれた。あらたな議会の出現に高位聖職者や大貴族が反発したうえ、ルイ一六世も独自の道を歩み始めたかれらに危機感をいだき、新議会粉砕のため大講堂を閉鎖した。

六月二〇日、大講堂から締め出されたブルジョワジー議員らはヴェルサイユ宮近くにある宮廷人の娯楽施設だった球技場（ジュ・ド・ポーム）に国民議会を移すことになり、列をつくっ

ヴェルサイユの
フランス革命博物館

革命博物館外壁を飾る
歴史画コピー

て移動した。手のひらやグローブでボールを打ち合うテニスの原型のような球技のおこなわれていた建物は天井が高く、がらんとした室内にはベンチが四つか五つしかなかった。そこで議員たちと支援者は立ったままで憲法制定を実現するまで議会は解散しないと誓い、結束を確認し、気勢をあげた。史上名高い球技場の誓いである。

現在、この球技場はフランス革命博物館となっている。路地の奥にある、ごくふつうのありふれた建物から大革命の気運が高まったのである。二一世紀の今日、大革命を記念するモニュメントはほとんど残っておらず、その点でこの建物は貴重だ。

フランス革命博物館の外壁には球技場の会議を描いた歴史画のコピーが張られ、熱気あふれる会場の雰囲気を伝えている。また、胸に手をあてて何かを訴えようとしているロベスピエールの有名な絵を眺めていると、熱弁や歓声こそ聞えてこないにしても、いくばくかの臨場感は感じられる。

七月九日、ついに王は三部会すべてを含めた憲法制定議会に同意した。立法権を持つ議会の誕生という予想もしていない方向へと事態はすすんでいったが、王も手をこまねいていたわけではなかった。ヴェルサイユとパリに国境警備隊や外国人部隊の一部を移してブルジョワジー議員らを威嚇した。

大革命の本拠地

さて、パリの動きである。

一七八九年七月一一日、パリの治安悪化を憂慮した有力市民がパリ市庁舎に集まった。かれらは三部会へ派遣するブルジョワジー議員を選出する役割の顔役たちで、宮廷政治と一線を画し、大胆にも独自のパリ防衛策を検討した。そしてヴェルサイユ正規軍とはべつに自分たちの軍隊を創設することに踏み切った。この日、ルイ一六世はネッケルを罷免した。

七月一二日正午、ネッケル更迭の報がパリにも届き、パレ・ロワイヤルに急進派のパリ市民が続々と集まった。野心的なオルレアン公ルイ・フィリップ二世の邸宅パレ・ロワイヤルはずっと前から急進派のたまり場になっていた。建物の一部は開放されて商店街になり、格好の集会場となった内庭にはカフェもあって、そこでは連日、最新の情報が飛び交って政治問題が熱っぽく議論されていた。パレ・ロワイヤルの本屋には政治論文や王室を風刺するパンフレットが並び、飛ぶように売れた。また、パレ・ロワイヤルは悪徳の園でもあり、娼婦があたりを徘徊していた。

七月一二日午後、パレ・ロワイヤルに集まった六〇〇〇を超える群衆を前にして、ジャーナリストのデムーラン（一七六〇〜九四年）がどもりながら「諸君、武器を取れ！」と煽った。いきり立った市民はこの敷地の一角にあったロウ人形館からネッケルとオルレアンの胸像を持ち出して行進した。午後、チュイルリー宮近くで政府の雇った外国人部隊がデモ隊に発砲し、これが火に油をそそいだ。

パレ・ロワイヤルから放火や略奪をおこなう物騒な一団が、夜陰に乗じて出かけることもあ

反王党派の拠点となった
パレ・ロワイヤル

サン・シュルピス教会

った。かれらが狙ったのは一〇分の一税として徴収された穀物倉庫で、サン・ラザール修道院の倉庫などから大量の穀物が強奪されて中央市場へ運ばれ、一般市民の手に渡った。

パレ・ロワイヤルでローマ教皇の藁人形が燃やされることもあった。教皇は風刺画でもしばしばからかわれた。教会自体も揺れていた。聖職を放棄する聖職者が続出し、修道士や修道女たちのなかには結婚するケースも目立つようになった。これらは非キリスト教化運動と呼ばれ、いくつかの教会が閉鎖の憂き目にあった。

セーヌ左岸にも革命派の拠点があった。サン・ジェルマン・デ・プレ教会からそう遠くないサン・シュルピス教会だ。現在、つわものどもの夢のあとの教会前広場は子供たちの格好の遊び場になっている。高さ三〇メートル、奥行き一〇〇メートルの威風堂々の教会は二一世紀の初頭、にわかに脚光を浴びた。アメリカ人作家ダン・ブラウン作の歴史ミステリー『ダ・ヴィンチ・コード』が大ヒットし、映画化されて一層評判を呼んだせいである。というのは、堂内の床を走る子午線がナゾ解きの仕掛けとなっているためで、それを確認しようと海外からも大勢のファンがサン・シュルピス教会に駆けつけたというわけだ。

バスティーユ事件前夜の七月一三日、パリ市庁舎で市民軍の創設が再確認され、常置委員会の結成も決まった。だが、政府軍に対抗する市民軍には武器がなかった。政府軍の武器庫から奪うしか方法はなく、かくして革命は武器の略奪から始まるのである。

アンヴァリッドからバスティーユ監獄へ

一七八九年七月一四日朝、左岸のアンヴァリッド（廃兵院）は八〇〇〇人前後のパリ市民に襲撃された。すでに政府軍はコントロールを失っていた。四日前にアンヴァリッドから八〇人の砲兵が離脱したうえ、残った守備兵も動かず、民衆はやすやすと大砲や大量の小銃を持ち去った。近くに兵器工場があり、アンヴァリッドの地下は武器庫になっていた。だが、肝心の火薬や弾はなかった。そのとき、「バスティーユへ行こう！」という叫び声があがった。群衆のなかにバスティーユ監獄の内部に詳しい者がいたのか、それとも政府軍関係者の密告だったのか。確証はないが、後者だったような気がする。

傷病兵や老兵を受け入れる施設としてルイ一四世によって建設されたアンヴァリッドは、表と裏では表情が一変する。セーヌ川のアレクサンドル三世橋からアンヴァリッドまで広場がつづく。入り口前方の敷地に大砲がズラリと並んで、いかにも軍事博物館らしい。回廊では戦車を前に女性教師が生徒たちに説明していた。日本では、こういう光景はまず見られない。軍事博物館のナポレオン関連の展示室は何度おとずれても飽きないし、ドゴール展示室も新設されてさらに充実した。中庭にも大砲がズラリと並んでいる。重要なセレモニーで祝砲などに使われたのであろう。

一方、南面のアンヴァリッドは、高さ一〇七メートルの金色のドームがまばゆい。マンサールの設計だが、のちにナポレオンがこの地下で眠ることになる。

大砲が並ぶ北面のアンヴァリッド

金色のドームが輝く南面の
アンヴァリッド

カルナヴァレ博物館

バスティーユ監獄の模型
（カルナヴァレ博物館）

そしてバスティーユ監獄。メトロ、とはいっても東京メトロの四谷駅のように空がのぞけるバスティーユ駅のホームから見あげると、シンプルな新オペラ座が見える。その前がバスティーユ広場で、かつてここに監獄があった。広場中央にひときわ目立つ円柱が立っている。フランス革命のメモリアルと勘ちがいされがちだが、一八三〇年の七月革命を記念する円柱はひとまず素通りしておこう。

バスティーユ監獄の前に集まったのは、主にサン・タントワーヌ地区の職人や小商店主だった。七月一四日午前一〇時、民衆の代表が灰色の高い壁に囲まれたバスティーユ監獄に入り、守備隊司令官ドゥ・ローネイに武器の引き渡しを求めた。八つの塔を持つ南北三〇メートル、東西六六メートルの厳めしい建物であった。直接行動に打って出た市民はせいぜい八〇〇人から九〇〇人くらいにもかかわらず、王権がふるえあがったのは午後、政府軍の一部が寝返ったからだ。攻防戦で八四人が命を落とした末、堅固に見えた監獄の門もひらかれた。

マレ地区のカルナヴァレ博物館は歴史好きには必見のところだ。ここにバスティーユ監獄の模型がある。写真のない時代には、絵画や模型が当時の様子を伝えてくれる。カルナヴァレ博物館で、囚われの身となったマリー・アントワネットを描いた肖像画（123頁参照）に初めて接したときの衝撃はいまも忘れられない。どの肖像画でも優雅な王妃が、まだ三〇代というのに別人のように老けて描かれているのだ。

ふたたびバスティーユ監獄である。このとき、獄内には七人の受刑者がいた。四人のニセ札づくり、二人の精神異常者、一人の遊び人で、ほとんどの家族からの要望は「そのままにしておいてほしい」というものだった。

その後、燕尾服の守備隊司令官ローネイは安全を保障するからパリ市庁舎まで来てほしいという要請に応じたが、市庁舎へ入るときに暴徒に斬殺された。夜、激しい風雨がパリを襲い、あちこちの血痕がきれいに流された。

女性集団がヴェルサイユへ行進

パリっ子は強い。とりわけ下町の女性はしぶとい。

一七八九年七月一五日、ムニュ・プレジール館の大講堂にはひと月ばかり前に誕生したばかりの国民議会の議員たちが大勢詰めかけていた。代表団が王に面会を求めてヴェルサイユ宮へ向かうことになっていた。その直前、ルイ一六世は二人の王弟、プロヴァンス伯（一七五五～一八二四年）とアルトワ伯（一七五七～一八三六年）をともなってあらわれた。「わたしは国民議会に期待している」と王は初めて国民議会の存在を認めたうえ、パリから政府軍を撤退してほしいという要請にも同意した。

ただちに国民議会のバイイ議長ら代表団八八人は馬車に分乗してパリ市庁舎へ向かった。そこには事態の成り行きを見守る多数の市民が詰めかけていた。ラファイエットがルイ一六世の発言を伝えると、喜びの声が広がり、その場でバイイはパリ市長、ラファイエットが市民軍の司令官に任じられた。

この夜、ヴェルサイユ宮では王夫妻と王弟二人で情勢分析がつづけられた。王妃とアルトワ伯は宮廷の遠方への移動を主張し、王とプロヴァンス伯はそれに難色を示した。ルイ一六世はバイイから「パリ市民は王に会いたがっています」といわれ、感動した。マリー・アントワネットは猛反対したが、王はパリ訪問を決意した。

七月一七日、ルイ一六世はパリ市庁舎のバルコニーに立った。グレーヴ広場を埋めた群衆から歓呼の声が沸き、王は安堵した。ラファイエットが率いる護衛隊に守られて王は、夜一〇時にヴェルサイユ宮へ戻った。

七月二九日、財務長官ネッケルが凱旋将軍のように歓呼に迎えられてヴェルサイユ宮へ戻ってきた。この頃、革命への流れを主導していたのは、比較的穏健なジロンド派であった。

八月四日、国民議会は封建制の撤廃を決議し、教会の一〇分の一税や官職の売買なども廃止された。二六日、人権宣言が決議された。だが、議会がつぎつぎと可決した改革案に王は同意せず、民衆の王権への不満が高まった。

九月、ルイ一六世とアントワネットは真剣になってヴェルサイユ脱出を検討した。ただ、留守中にオルレアン公の権勢が増す恐れもあり、それがかれらの決断をにぶらせた。王は身の安全を守るために政府軍の増強につとめた。

一〇月一日、ヴェルサイユ宮で近衛隊と遠方から到着したフランドル連隊との交歓会がひらかれ、盛りあがった。革命派はこれを豪勢な酒宴に仕立てた記事にしてパリ中にばらまいた。この一件にかぎらず、うわさや風刺画は王室のイメージを徹底的にゆがめた。当時のカリカチ

ランブイエ宮

ヴェルサイユ宮前のアルム広場

ユア（誇張された人物画）で王はブタの姿で、王妃はしばしば淫猥に描かれた。

一〇月五日、パンを求めてレ・アールやサン・タントワーヌ地区の主婦ら六〇〇〇人近くがパリ市庁舎前のグレーヴ広場に集まった。七月一四日のバスティーユ事件を指揮したグループの一人がまたしてもたくみに誘導し、女性を中心にした大集団にまとめあげた。パリからヴェルサイユまでは徒歩で六時間ほどだが、タイコを叩く人たちを先頭にかれらは行進を始めた。大砲をひく者、銃を手にした者、行列の大半が女性であった。なかには女装の男たちもまじっていた。政府軍兵士は、女性には発砲しないだろうという計算であった。

午後五時、ラファイエット率いる市民軍がパリを発ってヴェルサイユへ向かった。その頃、ヴェルサイユに到着した勇ましい女性の一団は議会がひらかれているムニュ・プレジール館に乱入し、聖職者と貴族の議員たちをののしっていた。聖職者や貴族が取り立てていた一〇分の一税の放棄を求めたのに対して、それを拒否されたことへの怒りであった。また、彼女たちは食糧の確保や王室のパリ遷都を要求し、宮殿入り口前で気勢をあげた。ルイ一六世は彼女らの代表五人と会い、その要望に耳を傾けた。

午後五時半、ラファイエット率いる市民軍がヴェルサイユへ向かっているという情報が王に伝えられた。この軍団が王室の味方なのか、敵なのか判断がつかなかったが、後者と見た宮内長官プリエストは「ランブイエへ逃れたらいかがでしょう」と助言した。パリの南西五〇キロの森林地帯にランブイエ宮があった。王は同意し、準備を命じた。これを知ったネッケルが財政難を理由に反対し、王もあっさり態度を変えて従った。午後八時、近衛兵が攻撃されたと聞いて、恐怖にかられた王は再度ランブイエ行きを決めたが、こんどは厩舎が反対し、出発しそこねた。

余談になるが、ランブイエ宮は第一回先進国首脳会議（ランブイエ・サミット）がひらかれたところで、日本からは三木武夫首相（一九〇七～八八年）が出席した。ここをおとずれたときは、ルイ一六世がアントワネットにプレゼントしたというなんの変哲もない小屋を見る機会を得た。なかへ入ると、凝ったつくりでプティ・トリアノンの王妃の村里を思い出した。

一〇月五日午後九時、議会代表団がヴェルサイユ宮をおとずれ、王に対して人権宣言と憲法を無条件で受け入れるよう求め、王も応じた。だが、議員のなかには王の一家が逃亡するのではないかという疑念をいだく者もいた。酔っぱらったパリの女性たちがヴェルサイユ宮前のアルム広場で踊ったり、歌ったりしていた。アルム広場は、ルイ一四世の騎馬像があるところだ。夜、市民軍司令官ラファイエットが到着し、ヴェルサイユ宮を守るとかれから確約を得た王室にようやく安堵感が広がった。

歴史の舞台はチュイルリー宮へ

一七八九年一〇月六日午前六時、銃声が響き、ヴェルサイユ宮へ暴徒と化した一団が乱入した。市民軍司令官ラファイエットも兵士らも熟睡していたうえ、なぜか宮殿中庭へ通じる入り口はあいていた。「オーストリア女はどこだ！」と血走った暴徒は叫んだ。立ちはだかった警備兵の首が切り落とされると、いつの間にか集まっていた見物の女性たちは歓声をあげた。その多くはパリから押しかけて来た市民たちだった。

やがてヴェルサイユ宮の大理石の中庭は群衆で埋まり、かれらは口々に「王はパリへ！」と叫んだ。なかには「オーストリア女を殺せ！」という物騒な声もまじっていた。警備兵の首を槍の先にくくりつけて、「これを王へ」と投げ出す者もいた。駆けつけたラファイエットは暴徒を外へ追い出すよう指示したあと、みずからバルコニーに姿を見せた。群衆はルイ一六世の登場を求めた。しかし、王は動かなかった。シュプレヒコールはしつこいほど長くつづいた。ラファイエットが王に代わって、「かならず王はパリへ行く」とその場をおさめた。

だが、群衆は立ち去らず、こんどは「王妃をバルコニーへ！」と叫んだ。ラファイエットにうながされてマリー・アントワネットがバルコニーにあらわれると、一瞬、沈黙が支配した。わずかだか、「王妃バンザイ！」も聞かれた。ついに王もバルコニーに姿を見せ、「わたしは妻

ヴェルサイユ宮大理
石の中庭の正面が王
妃のバルコニー

噴水が見事な
シャン・ド・マルス公園

旧陸軍士官学校

や子とともにパリへ行く」と伝えた。王妃は私室へ戻ると、「もう二度とヴェルサイユへは戻らないと思う。わたしの予感ははずれたことがないのよ」と側近にもらした。たしかに予感ははずれず、この日が王家のヴェルサイユでの最後となった。

午後、ルイ一六世らを乗せた六頭立ての四輪馬車は大集団に囲まれるようにしてヴェルサイユ宮を出発し、チュイルリー宮へ向かった。このとき、王太子のルイ・シャルル、長女のマリー・テレーズ、それに王妹エリザベート（一七六四～九四年）が従った。王妃と仲がよかった王妹は兄夫妻と運命をともにする。

廃屋同然のチュイルリー宮はとても住めるような状態ではなかった。応急措置でなんとか体裁はととのえたが、ルイ一六世一家の落胆ぶりは容易に想像できる。

チュイルリー宮は細長い建物で、中央は大時計のあるドームだった。ドームをはさんで北面の棟と、セーヌ川に面した南面の棟があった。王と二人の子ども、王妹は二階を寝室としたが、王妃だけは南面の庭園を望む一階に住んだ。その部屋に愛人のフェルセンが出入りした。閣僚たちはパリ市内に分散した。国民議会もチュイルリー宮の調教場へ移った。

チュイルリー宮で軟禁状態となったルイ一六世一家はここで二年間過ごすが、アントワネットは毎日のようにパリ脱出を考えていたと思われる。ひそかにおとずれるフェルセンの脱出計画に王妃は胸を躍らせたであろう。外国にはブルボン家を支援する勢力があって、それらとの連携も不可能ではなかった。

一一月二日、国民議会は教会財産の国有化を決めた。カトリックのルイ一六世にとっては不満な決議であったが、やがて始まる国有財産の売却がフランスにおけるブルジョワジーの優位を決定づけた。主導したのは聖職者のタレーラン（一七五四〜一八三八年）だった。とんでもないことをしたと聖職者議員の仲間から激しく批判されたこの人物は、のちにナポレオンに重用され、疎んじられたあともしぶとく生き延び、ヨーロッパ史をかきまわしていく。

この頃、ブルターニュ出身議員らはサン・トノレ通りのジャコバン修道院を本拠にクラブを結成し、しだいにブルジョワジーの参加者をふやしていった。これが急進的なジャコバン派として結集し、ロベスピエールらによって一大勢力を誇示していくことになる。

一七九〇年七月一四日、バスティーユ監獄の陥落一周年を記念する全国連盟祭がシャン・ド・マルスでひらかれた。もともとは練兵場で陸軍士官学校の前方に広がっていた。現在、エッフェル塔と士官学校の旧校舎の間はシャン・ド・マルス公園となっているが、この日、広大な敷地に数万の人々がフランス全土から集まった。フランス国民はこの祭典をもって初めて交じりあい、そのなかでルイ一六世は憲法の維持を誓った。フランス人の間で国民意識が強まった記念すべき日であった。

名だたる軍人を輩出した陸軍士官学校だが、その五年前の一七八五年に卒業したナポレオンは革命の成り行きに注視しながら出番を待っていた。ちなみに旧校舎前のブルボン家の王らにヒケをとらない巨大な騎馬像は、第一次世界大戦で活躍したジョッフル元帥（一八五二〜一九三一年）である。

タンプル塔の王一家

一七九一年六月二〇日深夜、亡命に踏み切ったルイ一六世の一家はひそかにチュイルリー宮を離れた。御者に扮したフェルセンが中庭で待っていた。王は下僕に変装し、王太子は女の子の格好にされた。

かれらを乗せた辻馬車はパリ北方へ向かった。そこには大型の馬車が待っていた。だが、辻馬車の手綱を握るフェルセンはパリの地理に不案内のうえ暗闇の道路に迷って、時間をムダにした。王らが八頭立ての大型馬車に乗り換えた時点で、フェルセンは一行から離れた。それがルイ一六世の希望であった。一行が向かったのは、フランス北部のベルギーとの国境だった。だが、予定時間より三時間も遅れたため、数か所で待機していた警備兵は計画が変更になったと判断し、現場を引きあげてしまった。

六月二一日、ルイ一六世一行は国境手前のヴァレンヌ村で農民に行く手を阻まれた。二五日の夜、王一家はチュイルリー宮へ連れ戻された。作家ツワイクの表現を借りれば、「王は狩りから戻ったように平然としていた」という。いかにも現場にいたような書き方だが、案外、そうであったかもしれない。

まず王一家がパリからベルギー国境近くまで逃げ延びた事実に注目したい。フェルセンに土地勘があれば、一行はやすやすとパリ脱出に成功していたのである。そもそも地理に知悉した随行者を一人として伴わなかったのは不可解である。マリー・アントワネットの懇願でやむなくしたがったが、この計画はルイ一六世の本意ではなかったように思える。

七月一七日、革命急進派はシャン・ド・マルスで共和政請願の大会をひらいた。なまぬるい議会に反発する民衆が五万人近く集まった。議会はパリ市長バイイに命じて大会妨害という策に出た。市民軍が発砲し、五〇人が犠牲になった。バイイは騒動の責任を問われて処刑された。九月、新憲法が制定され、一〇月一日、新憲法による立法議会が発足した。議場はチュイルリー宮の一角にある騎馬学校に設けられた。

この年、革命政権によってジュヌヴィエーヴ教会は再建発案者のルイ一五世が想像もしなかった共和主義のシンボリックな建物になるパンテオンへと変身する。左岸の学生街にどっしりと構えるパンテオンの外壁にあった四二個の窓は大革命時に壊され、現在は見ることができない。地下はヴォルテール、ユゴー、ルソーら偉人たちの廟になっている。

一七九二年二月一三日、ベルギーからフェルセンが偽の旅券で身分を隠してパリにあらわれた。革命急進派のお尋ね者であるかれは見つかれば、その場でなぶり殺される可能性が高かった。それでもフェルセンは迷うことなく警備の厳重なチュイルリー宮へ向かった。闇に紛れてかれはアントワネットの居間に忍び入り、一夜を過ごした。翌日、フェルセンはルイ一六世に会ってパリ脱出へのチャレンジをすすめたが、王は乗らず、かれもチュイルリー宮を去った。アントワネットがフェルセンに会うことはもう二度となかった。

三月、ジロンド派が政権を握った。内乱を避けようとしてジロンド派は、オーストリアとの戦争へと世論を誘導した。四月二〇日、フランスはオーストリアに宣戦布告し、アントワネットはひそかに機密情報を母国へ伝えた。戦争は泥沼化し、オーストリア・プロイセン軍はパリに迫った。アントワネットはもちろん、ルイ一六世も内心ではフランスの敗北を望んでいた。革命政権を打倒する道はそれしかなかったのだ。議会は反革命派の聖職者を国外へ追放し、二万人の連盟兵をパリに集めるべく法令を提案したが、ルイ一六世は拒否した。敗戦に導くには拒否権発動は有効だが、これは革命派を決起させるきっかけとなった。

六月二〇日、パリ東部の住民を中心とする武装した戦闘的な一団がチュイルリー宮に侵入した。かれらは長ズボンに短いジャケット、赤帽（フリジア帽）をかぶってサン・キュロットと自称した。自由、平等、友愛のうちでかれらが一番に求めたのはまちがいなく平等であろう。赤帽をかぶせられたルイ一六世は、それでも拒否権を撤回しなかった。だが、王権はすでに力を失っていた。

その頃、マルセイユから連盟兵六〇〇人の一団がパリを目指していた。かれらはのちにフランス国歌「ラ・マルセイエーズ」となる勇ましい歌を口ずさんでいた。七月三〇日、革命派の援軍、マルセイユの精鋭たちはパリに着いた。

八月六日、シャン・ド・マルスでひらかれた大集会はルイ一六世の退位を求めた。一〇日、パリ市民らが武装蜂起し、チュイルリー宮を攻撃した。この事件を無名時代のナポレオンが目撃していた。「どうして暴徒をみすみす宮殿へ入れてしまうのだ」とナポレオンは警備陣の無能ぶりにあきれた。「大砲をぶっ放せば、かんたんに撃退できる」というのが、このとき二三歳の砲兵中尉の感想であった。

ルブラン展のポスターはポリニャック

18世紀末に描かれたタンプル塔
（カルナヴァレ博物館）

まもなく塔は取り壊され、現在はタンプル塔公園となっている

八月一三日、王権は停止され、チュイルリー宮から連れ出された王の一家は右岸のマレ地区にある四階建てで高さ五〇メートルのタンプル塔に幽閉された。三階と四階が一家の住まいとなった。小さな窓には鉄格子がはめられ、監視人が二四時間体制で見守るなかで、それでも当初はトランプやゲームを楽しむ余裕があった。

王一家とともに幽閉された一人に王妃の女官長をつとめた美貌のランバル公爵夫人（一七四九～九二年）がいた。アントワネットがポリニャック伯爵夫人（一七四九～九三年）に翻弄され、莫大な資金を彼女の一族に投入する羽目に陥る前までは最も王妃の信頼が厚かった。ポリニャックは王妃を見捨ててオーストリアへ亡命したが、ランバルはイギリスへ渡って王家への援助を求めたうえ、ふたたび危険に満ちたパリへ戻って王妃に献身的に仕えた。

アントワネットのお気に入りだった肖像画家ルブランの作品展が二〇一四年春、グラン・パレでひらかれた。そのときのポスターを飾ったのはアントワネットではなくポリニャックの肖像だった。世間では悪名高かった彼女をルブランは風評に反発するかのごとく溌剌と描いている。

八月一九日、元女官長ランバルはアントワネットのそばから引き離され、プティ・フォルス監獄へ移された。この女性専用の牢獄はかつて貴族の館が建ち並んでいたマレ地区の、現在はパリ市資料館となっているラモワニヨン館の一角にグラン・フォルス監獄とともにあった。

大革命の混乱でどこの監獄もあふれ返っていた。そのため修道院の多くが監獄にされた。フランス北西部の小島にそそり立つ著名な修道院、あの世界遺産のモンサンミッシェルも革命以前から監獄としても機能していたが、ますますその役目が大きくなった。

大と小のフォルス監獄があったラモワニヨン館（現在はパリ市資料館）

囚われのマリー・アントワネット肖像画
（カルナヴァレ博物館）

王太子ルイ・シャルル肖像画（カルナヴァレ博物館）

モンサンミッシェル

革命裁判所でランバルは革命の正統性を認めるよう強要されたが、気丈な彼女はきっぱりと拒否した。九月三日、革命急進派が二つのフォルス監獄を襲撃し、ランバルをはじめ一〇〇人ほどの囚人を殺害した。理性を失ったかれらは、すさまじい凶暴性を剥き出しにした。すでに息の絶えたランバルは丸裸にされたうえ、ばらばらに切断され、なおかつ市中を引きまわされた。一部の暴徒はタンプル塔へ向かった。しばらくしてランバルの惨殺を知ったアントワネットの悲鳴が外からも聞こえた。

九月二〇日、フランス軍はヴァルミーの戦いでプロイセン軍に勝った。革命政権は勢いづき、ルイ一六世とアントワネットの最後の期待ははかなくも消えた。

九月二一日、立法議会は解散し、普通選挙で選出された国民公会が発足し、ただちに王政の廃止と共和政の樹立を宣言した。第一共和政の始まりである。ルイ一五世広場は革命広場と名前を変えるとともに中央にあったルイ一五世騎馬像も取り除かれ、岩に腰をおろした巨大な自由の女神像がすえられた。この女神は例のフリジア帽をかぶっていた（女神像はコンコルド広場には現存しない）。一二月一一日、国民公会でルイ一六世の裁判が始まった。家族とは引き離され、国民公会でジャコバン派の糾弾にさらされたルイ一六世は二四日、遺書をしたため、弁護人に託した。

一七九三年一月一五日、国民公会は圧倒的多数でルイ一六世の有罪を決めた。一六日午後八時、死刑か否かの記名投票が始まった。記名投票はロベスピエールの提案だった。投票総数七二一票のうち、わずか一票差で賛成が反対を上まわった。王家と最も近いオルレアン公ルイ・

パリ2000年の歴史を歩く

花の都を彩った主役たちの人間模様

大島信三著　本体 2,300円【9月新刊】

シーザー、ジャンヌ・ダルク、マリー・アントワネット、ナポレオンなどパリを舞台に活躍した人々の史蹟を訪ねるパリ2000年の歴史散歩。シャルリー・エブド襲撃事件、黄色いベスト運動、ノートルダム大聖堂の火災など最近の話題も取材。写真250点収録。

ピラミッド広場のジャンヌ・ダルク像

あれこれ知りたいスコットランド

ウイリアムス春美著　本体 2,000円【9月新刊】

何でも見てやろうとの心意気で、ハイランド地方とオークニー諸島、シェトランド諸島など離島まであちこちを走り回り、スコットランドの知られざる魅力を伝える紀行エッセイ。

カウチポテト・ブリテン

英国のテレビ番組からわかる、いろいろなこと

宗 祥子著　本体 1,800円【好評既刊】

暮らしてわかった！　テレビ番組というプリズムを通して見えた日本と英国。おもしろいドラマ、ドキュメンタリー41本と今の英国がわかる。そんな一石二鳥の本です。

この本を読んだら、ネット配信をチェックしたくなります。

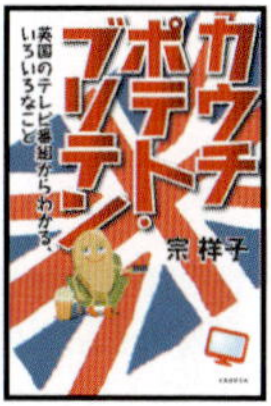

フィリップ二世は賛成票を投じていた。二一日、革命広場には二本の柱が立ち、その間に三角形の刃がキラリと光っていた。死刑囚の到着を待つ群衆は陽気で賑やかだった。ルイ一六世は家族に別れを告げずにタンプル塔を出た。午前一〇時一〇分、髪を切られ、手を縛られたルイ一六世は断頭台の犠牲となった。タンプル塔のアントワネットは外のざわめきから処刑を察知し、涙をこらえながら王太子の前にひざまずき、「ルイ一七世バンザイ」とつぶやいた。

ルイ一六世の処刑はヨーロッパの王室を震撼とさせ、世界に波紋を広げた。江戸幕府は翌年の寛政六年、長崎へ入港したオランダ商船の船長からの情報で初めてフランス革命の第一報に接した。

ルイ一六世の処刑から二一三年後の二〇〇六年六月七日、ロンドンのクリスティーズで死刑執行人サンソン（一七三九〜一八〇六年）の手紙がオークションにかかった。落札価格は知らないが、この手紙には「王は最後まで毅然としていた」と書かれているという。当時、「王は取り乱していた」という目撃談がパリ市中に流れて、それに義憤を感じた死刑執行人が書いた手紙だった。

ギロチン待合室

一七九三年三月一一日、ギロチン送りを即決する革命裁判所がコンシェルジュリーに設置された。四月六日、殺人司令塔となる公安委員会がチュイルリー宮の王妃の部屋に設けられた。

風雅な調度品は片づけられ、殺風景になった一室で目をぎらつかせたジャコバン派幹部が、つぎはだれを血祭りにあげるか、その罪状づくりに夢中だった。

五月三〇日、タンプル塔からコンシェルジュリーへ移されていた王妹、エリザベートが革命広場で処刑された。三〇歳であった。この前後、ヴェルサイユ宮から去って二〇年近くになるルイ一五世の愛人、デュ・バリーが捕まっている。彼女はイギリスに亡命していたが、パリに戻ったときに密告され、グレーヴ広場でギロチンにかけられた。五〇歳になっていた。

やがてモンターニュー（山岳）派がジロンド派の対抗勢力として台頭してきた。議席が高いところにあったので山岳派と呼ばれ、ロベスピエールやダントン（一七五九〜九四年）、マラー（一七四三〜九三年）がその中心にいた。

七月三日、マリー・アントワネットと王太子は引き離された。一三日、マラーは入浴中、ジロンド派のシャルロットという女性に短刀で刺されて死んだ。ギロチン犠牲者を大量に出した革命裁判所はマラーの提唱だった。二七日、ロベスピエールは公安委員会に入り、マラー事件を口実にジロンド派を追い詰めていく。

七月三一日、革命政権は王室ゆかりの建造物の一部に関して破壊の許可を出した。ブルボン家の墓所、サン・ドニ・バジリカ大聖堂も標的にされた。五一の王家の墓所が破壊され、歴代王らの遺骨が粉々にされ、地下に掘られた穴に捨てられた。

八月二日、アントワネットはギロチン待合室といわれたコンシェルジュリーの牢獄に閉じ込められた。

コンシェルジュリーの
牢獄となった建物

マリー・アントワネットが
いた牢獄

贖罪教会

ルイ16世とマリー・アントワネット王妃の墓（サン・ドニ・バジリカ大聖堂）

一〇月一六日午後零時一五分、アントワネットはヴェルサイユの「王妃の家」のらせん階段をのぼるような足どりでゆっくりと処刑台にあがった。三七年と一一か月の生涯であった。

ルイ一六世とアントワネットの遺体はひそかにオペラ座からそう遠くないマドレーヌ墓地に埋葬された。現在、つぐないの礼拝堂、すなわち贖罪《しょくざい》教会が建っているところである。そして二一年後、サン・ドニ・バジリカ大聖堂に移された。この地下でアントワネットはルイ一六世とともに眠っている。墓石には「マリー・アントワネット　オーストリア出身　フランスとナヴァールの王妃　１７５５-１７９３」とあった。

一七九五年六月八日、王太子ルイ・シャルルはタンブル塔で言語を絶する虐待を受けた末、わずか一〇歳でこの世を去った。アントワネットが「愛のキャベツ」と呼んで可愛がった王子のすさまじいまでに虐げられた二年と一〇か月の幽閉生活であった。王党派はかれをルイ一七世としたが、長年にわたって死んだのは身代わりで王太子は生き延びていたといううわさが絶えなかった。だが、ルイ・シャルルの心臓は遺体解剖をおこなった医師によりひそかに保管されているのがわかり、二〇〇〇年四月、すでに検査が済んでいたアントワネットの頭髪のＤＮＡと比較した結果、まちがいないことが確認された。

第5章

ナポレオンとパリの不思議な関係

ナポレオンは生まれる前から運がよかった。すべりこみセーフでフランス人として誕生することができ、おかげで奨学金を得て幼年学校から陸士へとすすめたのである。俊才とはいえ軍人でなければ、二〇代で頭角をあらわせたかどうかはわからない。シャルルマーニュを敬愛したナポレオンは大帝同様、パリにいる時間は意外なほどすくなかった。それでも身長一六七センチの小柄な人物がパリにもたらしたものはとてつもなく大きい。

一〇年間の治世でパリ滞在はわずか九五五日

一七六九年八月一五日、ナポレオンはコルシカ島の小貴族ボナパルト（一七四六〜八五年）

の四男に生まれた。ジェノヴァ領だったコルシカ島が戦いに敗れてフランス領となる三か月後のことであった。小柄で美しく、倹約家にして気性の激しい母親のレティツィア（一七四九〜一八三六年）は聖母昇天祭のミサに出かけた教会で産気づいて、あわてて家に戻って自室のソファーでナポレオンを出産した。

レティツィアは一二人の子どもを産み、五男三女が成長した。長男、次男が早世したため、三男が長兄格でナポレオンは次男の立場にいた。ナポレオンは九歳で王室給費生に選ばれ、ブリエンヌ幼年学校に入校を許された。陰気な生徒で友だちもすくなかった。雪の積もった日、幼年学校の校庭でかれが指揮してつくらせた雪の砦は見事な出来栄えで、それから注目を集めるようになった。

一七八四年一〇月二二日、士官学校給費生としてパリ入りしたナポレオンは、数学が得意で砲兵を選んだ。翌年、士官学校を卒業し、砲兵少尉としてヴァランスに配属された。軍役に服しながら政治活動に参加するようになったナポレオンが属していたのは、急進的なジャコバン派だった。

だが、テルミドール（革命暦で熱月の意）のクーデターによって急進派は一転してピンチに立たされた。ロベスピエール派のナポレオンも一七九四年八月一〇日に逮捕されたが、南仏ニースにいたので一五日間の自宅監禁で済んだ。パリにいたら、その程度では済まなかったであろう。テルミドールのクーデターについては、ロベスピエールの最期のところでもう一度ふれたい。

パリのいたるところに足跡を残すナポレオンだが、ある歴史家の試算によれば、一〇年間の治世でかれが首都にいた日数はわずか九五五日に過ぎないという。フランス切っての英雄とパリの関係には、親密にしてどこかよそよそしい不可思議なところがあった。

一七九三年、二四歳になったナポレオンはイギリスに包囲された南仏トゥーロン港の攻略を命じられた。たまたま砲兵隊長が負傷し、ピンチヒッターとして起用されたのである。一二月一九日、トゥーロン奪還に成功し、ナポレオンは飛躍のチャンスを得た。

「ナポレオンの露払い」ロベスピエールの最期

うがった見方をすれば、政敵を情け容赦なく葬ったロベスピエールはナポレオンの露払いのような存在だった。挙句の果てに革命期の最大の実力者であったかれ自身も自滅し、ナポレオンの出番がやってくる前にこの世から去った。生きていたら、いずれ両者はガチンコ勝負になったにちがいない。

一七九四年四月五日、収賄容疑で捕まっていたダントンの処刑が革命広場であった。ダントンは広場へ向かう途中、道筋のサン・トノレ街の質素なアパルトマンにさしかかったとき、「つぎはお前の番だ！」と叫んだ。頑固で清廉に固執するロベスピエールはこの屋根裏を住まいにしていた。ダントンの予言は二か月も経たないうちに現実となる。

メトロのオデオン駅の近くに一八八九年につくられたダントン像がある。だれもが認める雄

ダントン像

弁家で、気性の激しい性格が、演説するダントン像の容貌や両手の仕草からも伝わってくる。

六月四日、ロベスピエールは国民公会の議長となった。かれの主導のもとに革命裁判所は無慈悲にも被告の弁護を禁じて、裁判のスピード化を図った。つぎつぎと死刑が宣告され、遺体のあと始末に刑場の係員がてんてこ舞いするくらい頻繁に処刑が実施された。

七月二六日、ロベスピエールは議場で三時間の演説をおこない、「議会のなかにペテン師の同盟がある」「そのなかに粛清すべき者がいる」と小柄で青白のさえない風貌とはちがって刺激的な発言を繰り返した。テルミドール・クーデターの始まりである。「それはだれだ」という質問にかれは答えず、かえって議員たちをふるえあがらせた。議員の一人が固有名詞をあげたとき、図星を指されたロベスピエールは「かれとはかかわりたくない」とそらした。

名前を出されたのはフランス裏面史の立役者フーシェ（一七五九〜一八二〇年）であった。冷血で爬虫類のようなフーシェに注目したのがバルザック（一七九九〜一八五〇年）だった。バルザックはフーシェをナポレオンすらしのいでいたと評価する。このフーシェとロベスピエールの妹が恋に陥った。色恋沙汰に無縁だった二人の燃えるような出会いは破談となったが、二人が結ばれていたら歴史は変わっていたかもしれない。

このときのフーシェは国民公会の地方派遣議員としてリヨンで死刑執行人の役割を担ったが、やりすぎて公安委員会から弁明を求められ、パリへ呼び出されていた。つぎにやられるのは自分の番と確信したフーシェのほうも、機先を制してロベスピエール追い落としの工作に動いていた。

七月二七日、あれよあれよという間に議会は怒号のなかでロベスピエールらの逮捕を決議した。フーシェの捨て身の技が決まった瞬間だったが、議場に当のフーシェの姿はなかった。この場面は記憶しておきたい。というのは、ナポレオンも同じような事態に陥るからだ。

ロベスピエールらはパリ市庁舎へ逃れた。国民公会のあったチュイルリー公園から市庁舎までは至近距離だ。反ロベスピエール派もすぐに追いかけるなかで、かれはピストル自殺を試みた。下あごをくだいたが、命に別条はなかった。逮捕されたロベスピエールはチュイルリー宮に連行され、アントワネットのサロンだった部屋のテーブルの上に寝かされた。

まもなく公安委員会の求めで医師が往診し、血だらけになったロベスピエールの顔に包帯を巻いた。ケガ人のための応急措置ではなく、囚われ人の顔がわかる状態を保つための処置だった。かれはコンシェルジュリーに移送され、ただちに革命裁判所へ引き立てられた。当然、弁明の機会は一切なく、名前を聞かれただけで、死刑を宣告された。薄暗い一室の隣には九か月前までマリー・アントワネットがいたのだから、まさに明日はわが身であった。

七月二八日午後六時、ロベスピエールは革命広場へ引き立てられ、平然と断頭台にのぼった。

だが、死刑執行人がいきなり包帯をはぎ取ったため、さすが冷血な男も「痛い！」と叫んだのち、首を落とされた。

パリにいたロベスピエール派一〇〇人近くが処刑され、これをもって大革命は実質的に終えんを迎えた。前述のようにナポレオンも身柄を拘束されたが、ニースはパリほどに苛烈でなく、まもなく軍へ復帰した。

ロベスピエール派の失脚や社会不安から王党派が息を吹き返し、民衆蜂起を企てた。続々とパリ市民が武装して集まる情景に国民公会はうろたえた。共和派の実力者バラス（一七五五〜一八二九年）が国内軍司令官になって鎮圧にあたることになった。かれは副官にナポレオンを選んだ。バラスは国民公会から派遣されてトゥーロン攻略を視察し、ナポレオンの活躍を知っていたのである。このとき、政権側が動員できたのは五〇〇〇人の兵士と一五〇〇人の警官だけであった。戦闘の経験に乏しいバラスはナポレオンに指揮をゆだねた。

ナポレオンとジョゼフィーヌの出会い

ナポレオンは二度結婚し、愛人も何人かいたが、最後まで愛していたのは一人の女性であった。とはいっても、悲喜こもごもの間柄であった。

一七九五年一〇月五日、小銃や剣を持った数万のパリ市民が王党派の扇動にのって反乱を起こした。かれらの攻撃目標は国民公会が陣取るチュイルリー宮だった。砲兵隊を率いたナポレオンは、四〇門の大砲を郊外から運んで待ち構えていた。そして、ためらうことなく武装市民の集結するところへ大砲を放った。

あっという間にかれらを蹴散らしたナポレオンは、それでも抵抗する集団に対してサン・ロック教会へ追いつめて白兵戦を展開し、チュイルリー宮へはだれ一人近づけなかった。三年前、チュイルリー宮への暴徒乱入を目撃した際に抱いた思いを即座に実行したのである。

その直後、ナポレオンはバラスの愛人であった小麦色の肌の美女と出会うことになる。六歳年上の、のちに皇妃となるジョゼフィーヌ（一七六三〜一八一四年）である。パリから七〇〇〇キロ離れたカリブ海のマルティニーク島で農園主の家に生まれた彼女は一五歳のとき、叔母のいるパリへ行き、幼なじみのボアルネル子爵と結婚し、一男一女をもうけた。長男ウジェーヌと、やがてナポレオンの二番目の弟ルイ（一七七八〜一八四六年）と結婚し第二帝政の皇帝を産む長女オルタンス（一七八三〜一八三七年）である。

その後、離婚したボアルネルは急進派に指弾され、一七九四年七月、処刑された。ジョゼフィーヌも身柄を拘束されたが、テルミドールの変で急進派が失脚し、釈放された。このときは、ニースにいたナポレオンとちょうど逆の立場で明暗をわけていたのだ。

ナポレオンが反乱軍を鎮圧して四日後、ジョゼフィーヌの息子ウジェーヌは父親の形見の剣の返還を求めて国内軍司令部をおとずれた。そのとき、直々に応対し、許可したのがナポレオンだった。お礼にやってきたジョゼフィーヌにひと目惚れしたナポレオンは翌日、返礼という口実で彼女の家へ出かけた。

一〇月二五日、ナポレオンはバラスに代わって国内軍司令官に任命された。多数の貴族が国外に亡命し将校の人材が不足していたのも、かれのスピード出世を可能にしていた。一一月二日、実力者バラスを軸とする五人の集団指導体制による総裁政府が成立した。融和策がとられ、さっそく革命広場の名もコンコルド（融和）広場に変えられた。

一七九六年三月二日、ナポレオンはイタリア派遣軍司令官に選ばれ、準備が整え次第、出発することになった。九日の晩、あわただしく結婚の手続きがとられた。パリ第二区の区役所でバラス立ち合いのもとにナポレオンとジョゼフィーヌは年齢をごまかして結婚証明書を提出した。花嫁は四歳若くし、花婿は一歳半ほど加算した。一一日、ナポレオンは新妻を残して旅立った。同行するつもりだったが、ことわられたナポレオンは戦地からジョゼフィーヌに熱烈な手紙を送りつづけ、一日に四通も書いたときがあった。現在、国立古文書館にはナポレオンの二二七通の手紙が保管されている。

対照的にジョゼフィーヌのほうはつれなく、返事もわずか数行で済ませていた。真剣に読んでいたかどうかもあやしい。それもそのはずでジョゼフィーヌは九歳年下の軽騎兵大尉と不倫を楽しんでいた。相変らず元愛人のバラスとも会っていた。ただし、これは色恋抜きと思われる。バラスを警戒してナポレオンがジョゼフィーヌに情報を取らせていたからだ。バラスのほうも密偵を使ってナポレオンの動きを監視していた。密偵とはだれあろう、あのフーシェであった。急激に力をつけてきた青年将軍に警戒心が高まってきたのである。一二月五日、ナポレオンはパリに凱旋し、パリ学士院から名誉ある会員として迎え入れられた。

一七九七年一二月六日、ナポレオンはバック街にあったタレーラン（一七五四〜一八三八年）の私邸を訪問した。この人物は五か月前、総裁政府の外相に就任していた。以来、ナポレオンとタレーランは宿縁ともいうべき関係になるが、これが初対面だった。大貴族の家に生まれたタレーランは脚に障害があり、両親から疎んじられて育った。策士のかれは高位聖職者の地位と財産を存分に利用し、ルイ一五世の愛人だったデュ・バリー夫人のサロンに出入りして人脈を築いた。タレーラン自身も多くの愛人と隠し子を持ち、画家のドラクロワも隠し子の一人といわれるが、確証はない。

タレーランが元財務長官ネッケルの娘、スタール夫人（一七六六〜一八一七年）を愛人にしたのも魂胆があってのことであろう。この日、ナポレオンがやってくると聞いて文芸評論の才媛はタレーラン邸のサロンで待機した。タレーランが彼女を紹介したが、ナポレオンはほとんど

アンヴァリッドの軍事博物館（前方）とドーム教会（後方）は表裏一体だ

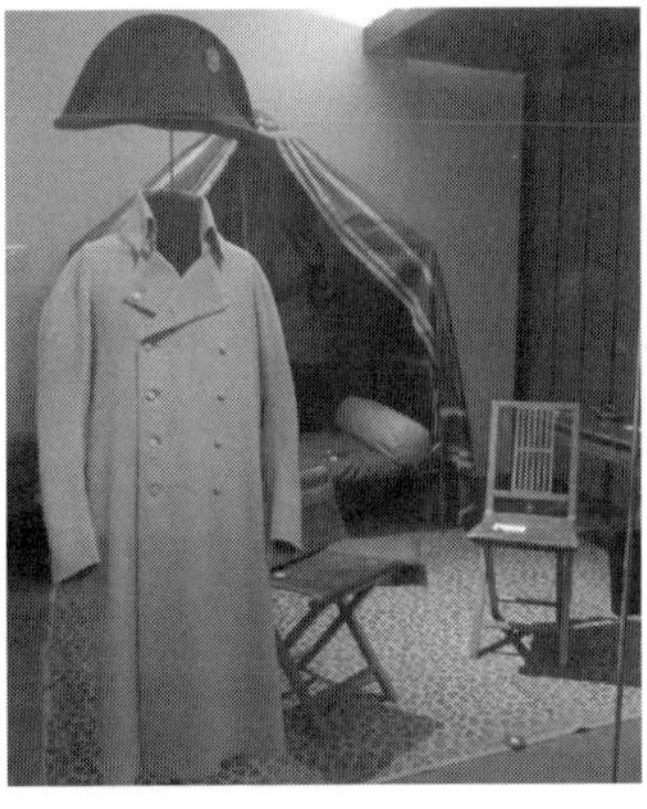

軍事博物館にはナポレオンの遠征時の帽子から簡易ベッドまで展示されている

興味を示さなかった。スタール夫人は好意を寄せるが冷たくあしらわれ、彼女はやがて反ナポレオンの急先鋒となっていく。

間一髪だったサン・クルー宮のクーデター

一七九八年四月一二日、ナポレオンはエジプト派遣軍司令官に任命された。総裁政府がナポレオンを遠方へ遠ざけたというのはたしかだが、本人の希望でもあった。五月四日、ナポレオンはパリからエジプト遠征に出発し、七月二五日、カイロに入城した。この遠征に三万八〇〇〇人の陸軍、一万六〇〇〇人の海軍、一八七人の学術研究者が参加した。「兵士諸君、ピラミッドから四〇〇〇年の歴史が諸君を見おろしている」という有名なセリフはこのときのものだ。また、アレクサンドリアの近郊でロゼッタストーン（古代エジプトの石版）を発見したのも遠征の成果であった。

九月、徴兵制が制定された。以来、適齢者には戦時にかぎらず、平時でも兵役の義務が課せられた。ナポレオン軍が破竹の勢いを維持できた背景には、フランスの二六〇〇万人というヨーロッパ随一の人口がある。

一七九九年一〇月一六日、エジプト遠征から帰国したナポレオンはヴィクトワール街の私邸に戻った。ジョゼフィーヌは迎えに出かけたが、べつの街道を通ってすれちがいとなった。連日、ナポレオン邸の前には群衆が集まって、「共和国万歳！」「ボナパルト万歳！」の歓声が響き渡った。母親や兄弟から留守中の妻の行状を聞いていたナポレオンは、自室の扉を閉めて戻ってきたジョゼフィーヌを寄せつけなかった。彼女は連れ子とともに涙を流して哀願し、和解した。

ヴィクトワール街のナポレオン邸は絵で見たことがある。二〇一四年三月、メトロ通路のポスターでジョゼフィーヌ展がリュクサンブール美術館でひらかれているのを知り、リュクサンブール公園の一角にある美術館に直行した。彼女の遺品など展示物は豊富で、さすがパリはちがうと感心した。そこにランソネト（一七九三〜一八七七年）作「ヴィクトワール街のボナパルト邸」があった。当時のヴィクトワール界隈はまだ閑散としていたようで、周りに人家は描かれていない。ハネムーン時代も戦闘に明け暮れていたナポレオンが、この二階建ての一軒家で暮らした日はほんの数えるほどしかなかったはずだ。

革命期当初の議会は国民公会だけの一院制であったが、この頃は元老院（上院）と五〇〇人議会（下院）の二院制になっていた。前者はリュクサンブール宮、後者はブルボン宮に置かれていた。政情は相変わらず不安定で五人制総裁の一人、ブルジョワジー出身のシエイエス（一七四八〜一八三六年）は声望高いナポレオンと手を組んで体制の刷新を画策していた。ナポレオンは五〇〇人議会の議長に選出された六歳下の弟リュシアン（一七七五〜一八四〇年）とともに謀議に加わった。このクーデター計画にはタレーランやフーシェも顔を突っ込んでいた。タレーランは七月に外相を辞任していたが、鳴りを潜めていたフーシェはバラスに取り入りいつの間にか警察長官になっていた。

リュクサンブール美術館

ランソネト作「ヴィクトワール街のボナパルト邸」（1857年）

サン・クルー公園

フーシェはジョゼフィーヌに接近しナポレオンの動静をバラスに報告していた。バラスが失脚したあともフーシェはジョゼフィーヌにさまざまな便宜を図って自分の情報源にしたうえ、ナポレオンの秘書も抜かりなく買収していた。

一一月九日、革命暦でいえばブリュメール（霧月）一八日の早朝、元老院が招集され、クーデター派のシナリオにそってリュシアンの発議でつぎのことが決まった。一つは、ジャコバン派に不穏な動きがあるという理由から両院をサン・クルー宮に移すこと。もう一つは、議会の警備などの指揮をナポレオンにゆだねること。そして五人の総裁は辞任を求められ、首謀者シエイエスはもちろんバラスとデュコ（一七四七〜一八一六年）も同意し、辞任を拒否した二人はリュクサンブール宮に軟禁された。総裁政府の崩壊である。

パリの中心地から西に一二キロ離れた、現在はサン・クルー公園となっているところに宮殿があった。セーヴル磁器博物館に隣接し、セーヌ川をはさんでブーローニュの森と向かい合うサン・クルー公園はパリ市民の散歩道である。一七世紀の中頃、オルレアン家の初代当主、フィリップ（ルイ一四世の実弟）が地所を購入して以来、王室との関係が深まった。アントワネットが次男を産んだとき、ルイ一六世から出産祝いとしてプレゼントされたのがサン・クルー宮であった。アントワネットが愛人のフェルセンと逢引きを重ねたところでもある。

一一月一〇日、ジャコバン派の襲撃を警戒してピストルを枕元に置いて寝ていたナポレオンは早朝から活動を開始し、警備兵を引き連れてサン・クルー宮に向かった。元老院が予定より二時間ほど遅れてひらかれた。クーデター派のスケジュール表ではすぐにシエイエスを中心とする新体制ができるはずであったが、「なぜサン・クルー宮へ移ったのか」と問う声があったりして議場は混乱した。登壇して場を鎮めようとしたナポレオンも批判にさらされ、しどろもどろとなったが、武力の行使をちらつかせて切り抜けた。

だが、血の気の多い議員が集まる五〇〇人議会はちがった。かれらはシエイエスらの陰謀をかぎとって、議場は不穏な空気に包まれた。ナポレオンはここでも登壇し、場を鎮めようとした。だが、戦場と議場は勝手がちがった。どもりながらの演説は精彩を欠き、議場はますます騒然とし、「この裏切り者をギロチンに！」という声にナポレオンは真っ青になった。

あわやロベスピエールの二の舞いになりかねない事態に陥った兄を救ったのが議長のリュシアンであった。かれは咄嗟の機転で外に待機していた警備兵を議場へ入れたのだ。リュシアンの必死の形相が警備兵の行動をうながし、警備兵の出現で議場のナポレオンは窮地を脱した。間一髪のクーデターといえよう。

夜、サン・クルー宮に残ったシエイエス派だけの両院議員一〇〇人ほどで重要な決定がなされた。三人体制の臨時執政政府が認められ、シエイエスとデュコ、それにナポレオンが臨時執政に選ばれた。もっとも、シエイエスの天下は線香花火のようにすぐ終わった。興味深いのは警察長官フーシェの行動だ。なにごとにも慎重で、かつ保険をかけるフーシェはサン・クルー宮に姿を見せなかった。クーデターが失敗した場合のことを考えてのことだった。

フーシェとちがってナポレオンは、この日、朝から翌朝三時まで食事抜きで駆けまわった。巧妙な立ち回りが功を奏し、ナポレオンはついに第一執政の座を射止めた。軍の最高指揮者にして任期一〇年の第一執政は大統領に近い存在だった。ナポレオンは住まいをリュクサンブール宮に移し、三〇歳で事実上のナポレオン帝国を樹立した。タレーランは外相に返り咲き、はしごをはずされたシエイエスとは対照的に馬を乗り換えるのに成功した。洞ヶ峠の警察長官フーシェは留任となった。

ナポレオンの兄弟も陽の当たる道を歩み始めた。兄のジョゼフ（一七六八〜一八四四年）は立法議会議員を経て、のちにナポリ王やスペイン王の地位を得ることになる。クーデターで功労のあったリュシアンは内相となった。また、ナポレオン三世の父親となる弟ルイはやがてオランダ王に就く。ナポレオンと一五歳ちがう末弟のジェローム（一七八四〜一八六〇年）もいずれ南ドイツの小国の公女と結婚し、パレ・ロワイヤルに住むことになるだろう。

金融と治安の本山を創設する

パリにとってフランス銀行とパリ警視庁は、決定的といってよいほどに重要である。金融と治安の本山は、ナポレオンによって同じ年に創設された。

一八〇〇年一月、ナポレオンの主導でフランス銀行が設立された。ブルボン朝の弱点の一つは、王立銀行を持てなかったことにあった。イギリスはすでに一〇〇年以上も前の一六九四年にイングランド銀行を創設していた。フランス銀行はその後、中央銀行となるが、実質的にはパリの銀行にすぎなかった。

フランス銀行本店
（ヴィクトワール広場側から写す）

　だが、徐々に力を発揮し、第一次世界大戦のとき、クレマンソー首相（一八四一～一九二九年）は「あなたより権力者がいますか」と議員に問われ、「フランス銀行の重役のほうがわたしより権力者だ」と答えるほどになった。約四万人の株主のうち、総会に出席できたのは上位二〇〇人の株主だったことから、「二〇〇人家族こそフランスの支配者だ」という歴史学者もいるくらいフランス銀行の存在感は突出していた。フランス銀行本店はヴィクトワール広場の近くにある。

　二月一九日、ナポレオンはリュクサンブール宮からチュイルリー宮へ移った。軍楽隊に先導された高官や三〇〇〇の将兵らを従えて六頭立て馬車でチュイルリー宮までパレードした。その直前までチュイルリー宮は模様替えにてんやわんやであった。ルイ一六世らが去ったあと、革命政権の拠点となった宮殿にはまだ赤いフリジア帽が飾られていた。「見るのも汚らわしい」とナポレオンは革命政権の痕跡をすべて排除するよう命じた。

　チュイルリー宮はふたたび宮殿らしい雰囲気に戻った。ルイ一六世とマリー・アントワネットと同様、ナポレオンは二階に陣取り、ジョゼフィーヌは一階に住んだ。ジョゼフィーヌもまたアントワネットのようにサン・クルー宮を好んだ。彼女のサロンには、ブルボン家の復活を画策する貴族も平然と顔を見せていた。

一八〇〇年三月、ナポレオンによってパリ警視庁が創設された。警察制度の再編に取り組んだのはフーシェであった。ナポレオンとフーシェは互いに心を許していたわけではなかったが、それぞれの力量は認めていた。フーシェは相変わらず独自の情報網を駆使して上司となったナポレオンの私生活に目を光らせていた。現在、パリ警視庁の本庁はノートルダム大聖堂の真ん前にあり、警備に女性警官も配しているところはパリらしい。

五月六日、ナポレオンはイタリア遠征に出発した。二〇日、標高二四七三メートルの吹雪の舞うアルプスの峠を越えた。ただし、画家ダヴィッドが「サン・ベルナール峠を越えるナポレオン・ボナパルト」で描いたような雄々しい白馬ではなく、ラバに乗ってしんがりに通過した。

六月一四日、ナポレオン軍はマレンゴでオーストリア軍と戦い、勝利を手にした。これでナポレオンの第一執政の地位はゆるぎないものになった。この前後からかれは内政を仕切る弟リュシアンの手法に苛立つようになっていた。内相が目の上のたんこぶだったフーシェは、この兄弟間のすきま風にほくそ笑んだ。まもなくしてリュシアンはスペ

パリ警視庁（ノートルダム大聖堂側から写す）

イン大使となってパリを離れた。

一二月二四日、ナポレオン暗殺未遂事件が起きた。この夜、ナポレオンはジョゼフィーヌとともに馬車でプルチエ通りにあった旧オペラ座（一八七三年焼失）に向かった。その途中、サン・ニケーズ通りの街角で停車中の馬車に仕掛けてあった火薬が爆発した。ナポレオンはぶじだったが、随行者や警護隊のうち二二人が死亡し、五六人が負傷した。激怒したナポレオンは共和派の不満分子百数十人を確証もなく拘束し、南米ギアナへ島流しにした。二週間後、王党派の男が捕まり、自供した。犯人はただちに銃殺刑に処せられたが、ギアナに流された無実の面々が祖国へ戻ることはなかった。

一八〇二年五月、ナポレオンはレジオン・ドヌール勲章を制定した。連綿として現代につづくフランスの最高勲章である。

ナポレオンは毎日、寝る時間を惜しんで書類に目を通した。真夜中まで仕事をして、午前三時には起きた。その代わり午前五時から七時頃まではベッドで休んでいた。ナポレオンは三時から五時までの早朝の二時間を一番大切にした。政策や戦略の検討、重要な決済にこの時間が使われた。かれの特技はいつでも、どこでも眠れることだった。

ナポレオンの戴冠式とマルメゾン宮

一八〇二年八月四日、ナポレオンは終身執政となった。国民投票の結果で三五〇万票対八〇〇〇票だった。クーデターと国民投票の組み合わせは、マルクスのことばを借りていえばボナパルティズムの手法であったが、統治の正統性を確たるものにしたのは数々の戦勝であった。元老院はかれに後継者の指名権を与え、世襲の皇帝への準備が整っていく。

一八〇四年三月二一日、ナポレオン民法典が公布された。歴史に残る法律であった。五月一八日、ナポレオンは元老院でフランス人の皇帝と認定された。第一共和政から第一帝政の時代への移行である。皇位の継承はナポレオン直系のほか兄ジョゼフと弟ルイの子孫に受け継がれることも決められた。仲たがいしたリュシアンは除外された。七月一一日、ナポレオンはタレーランを外相のまま侍従長も兼任させた。

ダヴィッド作「皇帝ナポレオン1世の戴冠式」（ルーヴル美術館）

一二月二日、ナポレオンはノートルダム大聖堂で戴冠式をおこなった。シャルルマーニュ大帝はみずからローマへ赴き、ローマ教皇から王冠を受けたが、ナポレオンはちがった。ピウス七世（一七四二～一八二三年）をパリに呼びつけておきながら、ナポレオンはみずから王冠をかぶって、教皇の出番をなくした。戴冠とはローマ教皇が新君主の頭に王冠を載せる儀式をいうが、ナポレオンはそれを無視したのである。ナポレオンはブルボン家にならってフランス国皇帝にしてナヴァール国皇帝を名乗り、ジョゼフィーヌも双方の皇妃の称

左上が母親レティツィア

ダヴィッド作「レカミエ夫人」
(ルーヴル美術館)

号を持った。

ルーヴル美術館で人だかりの絶えないダヴィッドの大作「皇帝ナポレオン一世の戴冠式」は縦六メートル、横九メートルを超える。ナポレオンが黄金の冠をジョゼフィーヌの頭に載せようという瞬間が描かれている(同じ絵はヴェルサイユ宮にもある)。絵画のほぼ中央に母親レティツィアも描かれているが、戴冠式には出ていなかった。その頃、母親はローマにいた。レティツィアは一一月一四日、ローマを出発してミラノで息子のリュシアンと落ち合ったが、パリに着いたのは戴冠式から七日後の一二月一九日だった。途中でアクシデントに遭ったというよりも、意図的に欠席したのだろう。ナポレオンはリュシアンに招待状を送らなかった。母親は辛抱強くリュシアンへの招待状を待ちつづけていたのではあるまいか。末弟のジェロームも欠席した。

ルーヴル美術館にはこの大作と向き合ってダヴィッド作「レカミエ夫人」が飾られている。パリ社交界の花形だった銀行家夫人に、ナポレオンとリュシアンは一時期夢中になった。だが、彼女はこの兄弟に振り向きもしなかった。ナポレオンはレカミエに対してジョゼフィーヌに仕えるよう求めたが、彼女はことわっている。

ナポレオンがエジプト遠征中の一七九九年四月、ひまをもてあましていたジョゼフィーヌはパリの西方一二キロのところの城館と周辺の敷地を自分の一存で購入し、バラ園を中心とした庭園づくりにはげんだ。現在、国立博物館となって一般公開されているマルメゾン宮である。第一執政として権力を掌握してからナポレオンはチュイルリー宮を官邸としたが、マルメゾン宮の落ち着いた雰囲気がすっかり気に入り、一〇日ごとにおとずれていた。

マルメゾン宮へはデファンスからバスで行くのが便利だ。デファンスの地下のバスターミナルから一四、五分ほどで着く。そこから歩いて五分ほどの距離である。館内に展示されている皇帝と皇后のきらびやかな衣装をまとったナポレオンとジョゼフィーヌの肖像は絢爛豪華である。ナポレオンはメディアの威力を熟知していた。当時の有力メディアは絵画で、とりわけ肖像画は権力者から重要視された。

マルメゾン宮の展示作品はいずれも画家ジェラール（一七七〇〜一八三七年）による公式肖像画の一つであるが、ただジョゼフィーヌのほうはルフェーヴルという画家による模写で原画とは左右が逆になっている。戴冠式の衣装をまとったナポレオンの全身像は二〇点以上あり、これらを通じて皇位の正統性を高めようとしたのである。

民衆も熱狂的に応じた。あれほど王政に対して憎しみをいだいた民衆が、いともたやすく帝政を受け入れたのである。熱しやすく冷めやすいラテン系民族の性格もすこしは影響しているが、大きな要因はかれらが社会の安定を望んだことによる。フランス革命で亡命貴族や教会の所有地が没収され、その分け前にあずかった農民層にとって現状維持が既得権益を守る一番の

ジェラール作「皇帝ナポレオン一世」(1810年頃)

ルフェーヴルによる模写「皇后ジョゼフィーヌ」(原画はジェラール)

シャトレの泉水

良策であった。また都市民もさしあたってパンの不足に悩むことはなかった。

一八〇五年一〇月二一日、ナポレオンはスペインのトラファルガー沖の海戦でイギリス・スペイン連合艦隊に敗れた。連合艦隊を率いたのは、イギリスのネルソン（一七五八～一八〇五年）だった。「イギリスは、諸君がそれぞれの義務を果たすのを期待する」のことばで知られる名提督はこの海戦で戦死したが、イギリスは一隻も失わずに完勝した。

イギリス本土上陸を諦め、大陸制覇に専念することにしたナポレオンは一二月二日、オステルリッツの戦いで勝利を得た。この頃、大陸軍という名で知られるようになるナポレオン軍は、外国人部隊も含めて五〇万人から六〇万人であった。栄光の大陸軍も内実は多くの問題を抱え、年に一万五〇〇〇人前後の脱走兵を出していた。

一八〇六年三月三〇日、ナポレオンは兄ジョゼフをナポリ王、そして六月五日に弟ルイをオランダ王に任命した。この年、パリ市庁舎の近く、現在のシャトレ広場に金色の女神を先端にすえた高さ二二メートルの円柱の建造が始まり、二年後に完成した。シャトレの泉水と呼ばれるナポレオン軍の戦勝をたたえるメモリアルは当時のままである。台座のスフィンクスはエジプト遠征を連想させるが、エジプトだけでなくイタリアやドイツ、ポーランド戦役の勝利も含めている。

一八〇八年九月二七日、ナポレオンはドイツ中央部のエルフルトでひらかれたオーストリア対策を話し合う列国会議でロシアのアレクサンドル一世（一七七七～一八二五年、在位一八〇一～二五年）と会見した。侍従長として随伴したタレーランは一年前に外相の地位から去っていたが、あらゆる機会をとらえてロシア皇帝に接近した。皇帝ナポレオンのためではなく、自分のためである。

この年、ルーヴル宮の西に建設がすすめられていたピンクと白の大理石を基調とした高さ一九メートルのカルーゼル凱旋門が完成した。

ナポレオンはだれもが絶賛したカルーゼル凱旋門に不満だった。ルイ一四世のサン・ドニ門より小さいのが気に入らなかった。そこであらたに建てられることになったのが、高さ約五〇メートルのエトワール凱旋門である。設計は建築家のシャルグラン(一七三九~一八一一年)が担当し、一八〇八年に建設工事が始まった。

自分のための建造物に没頭していたわけではなく、ナポレオンは都市整備に熱心だった。上下水道の改善、食品市場や食肉処理場、それにワイン工場の新設など市民生活向上につとめた。

征服欲は相変わらずでイベリア半島へ進攻したのもこの年だ。このときスペイン人民は激しく抵抗し、フランス軍も苛烈な弾圧で応じた。ジョゼフィーヌとの離婚を決意したのもこの頃である。後継者に恵まれなかったからだが、独身に戻ってみずからの政略結婚を外交戦略に役立てようとも考えたのである。だが、ローマ教皇ピウス七世はジョゼフィーヌとの離婚を認めず、双方の対立はますます深まった。

一八〇九年初頭、遠征先でナポレオンはタレーランとフーシェが陰謀を企んでいるという知らせに急きょパリへ戻った。ナポレオンは警察長官のフーシェを追いつめることはなかったが、タレーランに対してはちがった。一月二八日、ナポレオンはフーシェら高官の前でタレーランを面罵した。

ただ初対面から一二年、毀誉褒貶はあってもタレーランの功績は大きく、そのためかナポレオンはかれの自由を奪うようなことはなかった。だが、タレーランの心はすでにナポレオンから離れていた。

六月一一日、ローマ教皇はナポレオンを破門した。これに対しナポレオンはピウス七世をイタリア西北部のサヴォーナに幽閉した。ナポレオンは元老院に働きかけ、その結果、一二月一六日、ジョゼフィーヌとの離婚が元老院決議で公告された。ナポレオンはロシアとの同盟を視野にアレクサンドル一世に皇女との婚姻を申し入れたが、ことわられた。

ナポレオンがつぎに考えたのはオーストリアとの同盟であった。白羽の矢が立てられたのはハプスブルク家の一八歳になる皇女マリー・ルイーゼ（一七九一〜一八四七年）だった。マリー・アントワネットの姪である皇女はナポレオンを憎んでいた。一八〇五年一一月、彼女がまだ一四歳のとき、シェーンブルン宮はナポレオン軍に占拠され、ハプスブルク家はハンガリーに逃れたことがあったからだ。だが、陰でオーストリアのメッテルニヒ外相（一七七三〜一八五九年）と、ふたたびナポレオンへすり寄ろうとしていたタレーランによる工作もあってフランス皇帝と二三歳年下のハプスブルク家姫君との婚約は成立した。

一八一〇年一月、ナポレオンとジョゼフィーヌは離縁式に臨んだ。離婚はやはりショックだったのだろう、彼女は娘のオルタンスに抱えられるようにして式に出た。慰謝料としてマルメゾン宮が与えられ、多額の年金も保証された。そのうえ、離婚後もナヴァール国皇妃の称号はそのままだった。ナポレオンはわかれたあともジョゼフィーヌを相談相手としたが、二人は名目上とはいえナヴァール国の皇帝と皇妃であったから堂々と会ってもおかしくはなかった。

ナポレオン最後の野望

四月二日、ナポレオンとマリー・ルイーゼの結婚式がルーヴル宮でおこなわれた。宮殿二階の大回廊をすすむ結婚式の長い行列の絵が残っている。大回廊は現在のルーヴル美術館グランド・ギャラリーで、ダ・ヴィンチ（一四五二～一五一九年）の「岩窟の聖母」やラファエロ（一四八三～一五二〇年）の「聖母子と幼き洗礼者聖ヨハネ」といった名作が並んでいるところだ。

八月一五日、ナポレオン四一歳の誕生日にあたるこの日、ヴァンドーム広場でオステルリッツ戦勝記念柱の建立式典がおこなわれた。かつてルイ一四世の騎馬像があったところにすえられた円柱のブロンズは、一八〇五年のオステルリッツの戦いで敵（ロシア・オーストリア連合軍）から奪った一二〇〇の大砲を溶かしてつくられた。高さ四二メートルにおよぶ円柱の先端には、月桂冠をかぶり古代ローマ皇帝ふうの衣装を身にまとったナポレオンの立像がすえられた。

これも古代ローマのトラヤヌス円柱の模倣である。一一三年、ローマ皇帝トラヤヌスは戦勝の記念柱を立て、表面に戦いのレリーフを刻ませた。ヴァンドームの円柱もオステルリッツの戦勝場面が誇らしげに描かれている。

かつて宮殿の大回廊だったルーヴル美術館グランド・ギャラリー

ヴァンドーム広場

頂上部に立つ古代ローマ皇帝ふうの
ナポレオン像（ヴァンドーム広場）

一八一一年三月二〇日、ナポレオンとマリー・ルイーゼの間に皇子が生まれた。生まれる前からローマ王の称号を与えられたフランソワ・ジョゼフ・シャルル（一八一一～三二年）である。難産であった。このとき、皇帝は「万が一の際、皇妃の命を優先して守れ」と命じている。世継ぎを得るのが目的だったナポレオンにマリー・ルイーゼへの愛情がわいていたのである。

一八一二年五月九日、ナポレオンはサン・クルー宮からロシア遠征に出発した。九月一六日、七〇万の将兵とともにナポレオンはモスクワのクレムリン宮に入ったが、ロシア軍は火を放ってモスクワを焦土と化した。一〇月一九日、ナポレオン軍は退却を始めた。冬将軍にはばまれてぶじに帰還できた将兵は数万人に過ぎなかった。失敗に終わったロシア遠征の顚末はトルストイ（一八二八～一九一〇年）の大作『戦争と平和』に詳しく描かれているが、これを契機に形勢は逆転する。

一八一三年三月、プロイセンはフランスに宣戦を布告し、ロシアがプロイセンを支援した。一〇月一六日、ナポレオン軍はかれら同盟軍にライプツィヒの戦いで敗れた。

一八一四年一月、イギリスも参加した反ナポレオン同盟軍は二三万の兵力でフランスへ進攻し、それを撃破すべくナポレオンはわずか四万七〇〇〇の将兵とともにパリを発った。同盟軍の総大将格ともいうべきロシアのアレクサンドル一世はタレーランからパリ攻略を進言され、機密情報も得ていた。三月、同盟軍はパリに迫り、身の危険を感じた皇妃マリー・ルイーゼはチュイルリー宮を立ち去り、パリ南郊のランブイエ宮へ向かった。三〇日、パリは陥落した。

三月三一日、停戦協定が調印され、タレーランがフランス臨時政府の首班となった。敗者ナポレオンはフォンテーヌブロー宮へ逃れ、勝者アレクサンドル一世がパリに入城した。ロシア皇帝はエリゼ宮に宿泊する予定であった。だが、タレーランはエリゼ宮に爆弾を仕掛けたという匿名の手紙をロシア側へ見せて、宮殿内部を調べるまで警備に不安のない自分の館へ泊まるよう進言した。

ナポレオンと決別したタレーランの狙いは王政への回帰にあった。宿泊先を自邸に変更させたタレーランは、ロシア皇帝と王政復古についてじっくり話し合う機会を得たのである。匿名の手紙は皇帝を自邸へ招くためにタレーランが考えついた小細工と思われる。

コンコルド広場から見て、旧海軍省の路地をはさんで右手にタレーラン館は現存する。一七六七年の建造でもともとはラ・ヴリイエールという公爵の館だった。タレーランは一八一二年にこの館を取得している。

しぶとく生き延びてルイ一八世の王政復古、ルイ・フィリップの時代にも活躍し、数十年間にわたってヨーロッパをあやつったタレーラン同様、この建物も多彩な歴史を刻んでいる。一時期は小国の王女の住まいであったし、ヴェネツィア大使館にもなった。フランス革命期には火薬工場になり、ナポレオン帝国が崩壊してタレーランが首班となったときは、臨時政府の官邸の役割も果たした。第二次世界大戦前まではロスチャイルド家の所有であったが、ドイツ軍占領下では接収され、戦後はアメリカ大使館別館にもなった。

四月一日、リュクサンブール宮でひらかれた元老院はタレーランを首班とする臨時政府の樹立を決議した。さらに二日にはナポレオンの廃位を決めた。

コンコルド広場前の
旧海軍省隣りにある
タレーラン館

フォンテーヌブロー宮
「白鳥の中庭」

マルメゾンのサン・ピエール・サン・ポール教会

ジョゼフィーヌの墓
（サン・ピエール・サン・ポール教会）

フォンテーヌブロー宮にいたナポレオンは、五万の兵を引き連れてパリを奪還する構えであった。しかし、ナポレオンから勇者のなかの勇者といわれたネイ将軍（一七六九～一八一五年）すらもはや戦意はなかった。四月六日、エルバ島の所有を許されたナポレオンはフォンテーヌブロー宮で退位宣言に署名した。エルバ島はコルシカ島の東五〇キロ先にあった。二〇日、ナポレオンは宮殿「白馬の中庭」の馬蹄形の階段の前で近衛兵に向かって「さらば諸君、わたしは諸君を胸にだきしめたい」と言い残して、エルバ島へ向かった。

パリに進駐したロシア軍は真っ先にヴァンドーム広場の円柱からナポレオン像を引き下ろした。ルイ一六世の弟プロヴァンス伯が亡命先のイギリスからボルドーに帰還し、ルイ一八世（在位一八一四～二四年）として即位した。ルイ一六世の処刑に賛成したフーシェにとっては、まことに歓迎せざる復古王政の始まりであった。だが、したたかなフーシェはすでに有力王族に接近し、保身に抜かりはなかった。

五月三日、ナポレオンがエルバ島に着いた日、ルイ一八世もパリに到着した。二一日、マリー・ルイーゼは皇子フランソワを連れて母国オーストリアへ帰った。

この頃、ジョゼフィーヌはマルメゾン宮をおとずれた一三歳年下のアレクサンドル一世と庭園を散策した。皇帝のお目当ては娘のオルタンスだったともいわれるが、ジョゼフィーヌの魅力はまだ衰えていなかった。そのとき、彼女は薄着をして風邪をこじらせ、二九日、肺炎でこの世を去った。「ボナパルト、ローマ王、エルバ島……」というのが、ジョゼフィーヌの最期のことばだった。ジョゼフィーヌはマルメゾンの街に建つサン・ピエール・サン・ポール教会に眠る。祭壇右手に白大理石の墓があり、そこに置かれた彫像は戴冠式のときのジョゼフィーヌの姿であった。

　ルイ一八世が入ったチュイルリー宮にはパリに戻った亡命貴族がつぎつぎと表敬におとずれ、コンコルド広場の名前は創設当初のルイ一五世広場に戻された。ここまではタレーランの筋書き通りにすすんだが、かれの予期していなかったハプニングが起きた。

　八月三日、エルバ島に思いがけない訪問客があった。ナポレオンの母親レティツィアだ。母親が驚いたのは、ナポレオンがパリの情勢に詳しかったことだ。かれの情報網は退位後も健在だったのである。

　一八一五年二月二五日、ナポレオンは母親に「あす、エルバ島を脱出します」と耳打ちした。二六日早朝、うわさを聞いた島民の大半が港に集まり、ナポレオンの出航を見送った。

　三月七日、鷲の軍旗がひるがえるナポレオン陣営に七〇〇〇の兵が集まっていた。ネイ将軍は復古王政で貴族になっていた。ルイ一八世の要請でナポレオンを討つために出兵したネイは、ナポレオンから親書を受け取ったあと、寝がえった。親書の威力というより、ナポレオンへなびく兵士たちの徴候がネイを決断させたのであった。ネイの反旗に局面は一変した。二〇日、ルイ一八世はパリから脱出し、ナポレオンはチュイルリー宮へ戻った。

リュクサンブール公園南入り口近くに立つネイ元帥像（リュード作）

六月一八日、ワーテルローの会戦が始まった。ナポレオンは敗北し、二一日、エリゼ宮へ舞い戻って重臣会議をひらいた。だが、皇帝への反発は強かった。フーシェは譲位をすすめ、ナポレオンも同意した。元老院はウィーンにいるフランソワをナポレオン二世とする決議を採択した。二二日、ナポレオンは退位した。いわゆる百日天下である（ナポレオン二世の皇帝在任は六月二二日から七月七日までの一五日間）。二九日、ナポレオンはマルメゾン宮を去った。そのとき、マルメゾンにはジョゼフィーヌの娘にしてナポレオンの弟ルイの妻、オルタンスが七歳になる三男（ルイ・ナポレオン）を連れて滞在していた。ナポレオンはのちに第二帝政の皇帝となる甥を抱き締めてから出発した。

七月一五日、アメリカへの亡命を考えていたナポレオンはイギリス艦船ベレロフォンに助けを求めた。表向きこれに協力したフーシェは、ナポレオンの身辺を守るという口実で三〇〇人の護衛兵をつけた。実際は監視役だった。フーシェはナポレオンの亡命が成功しても失敗しても、どちらでもよい方策をとっていた。

結局、イギリス政府はナポレオンのアメリカ亡命を認めず、敗軍の将はイギリス軍艦ノーサンバーランドに移され、セント・ヘレナ島へ向かった。パリを出て一一〇日目、イギリス軍艦はセント・ヘレナ沖にいかりをおろした。アフリカ海岸から一九〇〇キロも離れた南大西洋に浮かぶ孤島であった。

イギリスはナポレオンに部屋が三六もある屋敷を用意した。ブドウ酒はふんだんにあり、女性との接触も許された。監禁状態とはいえ、周囲七キロは自由に散歩できた。ナポレオンはセント・ヘレナ島で口述筆記に全力を傾けた。かれは自分の死後も、自分の言説が歴史を動かすと信じていたのである。

ナポレオンのペンによる戦略は明白で一人息子、ナポレオン二世の復権である。口述筆記にたずさわった側近ラス・カーズの『セント・ヘレナ回想録』がのちに出版され、効果を発揮することになる。かれはナポレオンがイギリスのセント・ヘレナ島総督から無慈悲にも虐げられたかのようにまとめたのである。ナポレオン二世フランソワはライヒシュタット公と呼ばれ、ウィーンのシェーンブルン宮で事実上、軟禁状態におかれていた。母親マリー・ルイズにはオーストリア軍人の愛人がいた。

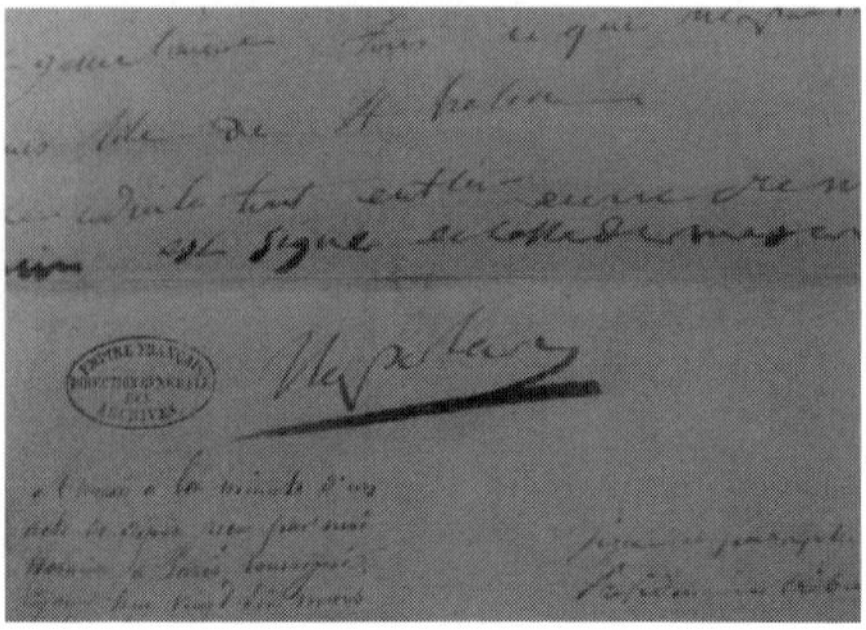

遺言補足書のナポレオンの署名
（国立古文書博物館）

一二月七日、反逆罪で身柄を拘束されていたネイ将軍は貴族ゆえに上院で死刑を宣告され、現在のリュクサンブール公園の南入り口付近で銃殺刑に処せられた。かれはフーシェから亡命をすすめられたが、ことわっている。ネイ処刑の地には、ロダンが褒め称えたという彫刻家リュードによる将軍の立像がある。

一八二一年五月五日、ナポレオンは没した。「フランス、陸軍、陸軍総帥、ジョゼフィーヌ…」というのが、最期のことばであった。母親レティツィアはイギリス政府に対して息子の遺灰の返還を求めたが、受け入れられなかった。

第6章
傍流の世にパリは花ひらく

ナポレオンのあと、フランスの政治体制をどうするか。これはヨーロッパ全体の関心事であった。結局、民衆の意向とはちがってブルボン家の復活となったのは、反フランス連合国の合意による。その復古王政も長つづきせず、七月王政（一八三〇～四八年）、第二共和政（一八四八～五二年）、第二帝政（一八五二～七〇年）へと政体は猫の目のように変わっていく。その間、フランスは傑出した政治指導者に恵まれなかったが、むしろパリの栄華は一九世紀中葉から活発化する。政権の中枢を担ったのは本流というよりも傍流に連なる人たちだった。パリは傍流の世に花ひらいたのである。

とくにオスマンという都市計画の逸材を得たのはパリにとって幸運だった。先般もオスマン大通りをぶらぶらしながら、大胆な改造でパリを一新させた男の心意気とその時代に思いを馳せたものである。

コンコルド広場とオベリスク余話

パリのなかで最も歴史の荒波に翻弄された場所はどこであろうか。コンシェルジュリーとかパリ市庁舎とか、それぞれ見方はあろうが、コンコルド広場がその最たるものの一つであるのはたしかだ。ときどきの権力者がこの広場の名前にこだわったのは、パリの中心点としての重みからであろう。念のためにいえば、王政復古でふたたびルイ一五世広場に戻っている。

一八二四年九月一六日、ルイ一八世（ルイ一六世のすぐ下の弟）は死去し、ブルボン家の後継者となった二番目の王弟アルトワ伯がシャルル一〇世（在位一八二四〜三〇年）として即位した。復古王政はフランス革命で土地を没収された大貴族らに補償金を支給するなど、文字通り復古調の政策をすすめた。王太子には長男ルイ（一七七五〜一八四四年）がなり、王太子妃にはアントワネットの長女で従妹のマリー・テレーズが迎えられた。彼女はタンプル塔から生還した唯一の王族であった。

二年後、ルイ一五世広場はルイ一七世広場と名前を変えた。アントワネットの次男、あの悲劇の王子ルイ・シャルルを思い出させるルイ一七世広場という名称にパリ市民は複雑な感情をいだいたにちがいない。ルイ一六世とアントワネットの両親が革命広場といわれていたこの場所で処刑され、ブルボン朝が表舞台から退場を余儀なくされたとき、王党派はその遺児を名目上ながらルイ一七世（一応の在位一七九三〜九五年）とみなした。ルイ一七世も病死すると叔父たちへとつないで命脈を保ってきたブルボン家だが、その復古王政も風前の灯火にあった。

一八三〇年五月一六日、総選挙が実施され、共和派が過半数を制した。危機感を強めたシャルル一〇世は七月二六日、新聞発行や選挙権の制限などを命じる勅命を発した。王とともに強圧政治の指揮を取ったポリニャック首相（一七八〇〜一八四七年）はアントワネットに寵愛されたポリニャック夫人の次男である。復古王政への批判が高まったのは、自由主義に傾倒する弁護士ティエール（一七九七〜一八七七年）の発行するル・ナシオナール紙の抗議文がきっかけだった。ティエールはのちに第三共和政の初代大統領になる人物である。

七月二七日、共和派の学生や市民がパリ市内にバリケードを築いた。二八日、かれらは王の軍隊と衝突した。だが、共和派側へ寝返る兵士が続出した。二九日、民衆はブルボン宮を占拠した。七月革命の始まりである。

シャルル一〇世はイギリスへ向かったが、実権を握ったオルレアン家との友好を優先するイギリス王室は冷たかった。シャルル一〇世はハプスブルク家を頼り、プラハ城に身を寄せた。その後、アドリア海に近いゲルツという保養地へ移って病死し、スロベニアのノヴァ・ゴリツアにある教会に埋葬された。ブルボン家歴代の王のなかで唯一海外に眠る。かくしてブルボン家の本流は絶え、王朝は傍流のオルレアン家へと移る。

七月革命で気勢をあげた民衆の多くは共和政の支持者であったが、ティエールらは王政の継続を望み、オルレアン公ルイ・フィリップ（一七七三〜一八五〇年、在位一八三〇〜四八年）が即

バスティーユ広場と「七月の円柱」
（右端は新オペラ座）

コンコルド広場の
オベリスク

ルイ16世とアントワネット
の刑場を示すプレートは
オベリスクのそばにある

エジプトのルクソール神殿（右
側のオベリスクが欠けている）

位した。世にいう七月王政であり、立憲君主政のオルレアン朝の始まりである。オルレアン家はブルボン家の有力な一族であったが、ルイ一六世の死刑に賛成して以来、宮廷から遠ざけられていた。

崇拝するナポレオンの手法を真似て「フランスの王」ではなく「フランス人の王」と自称したルイ・フィリップは、さっそくルイ一七世広場をコンコルド広場に戻し、民衆に対して融和のメッセージとした。

バスティーユ広場にすっくと立つ高さ五二メートルの「七月の円柱」をフランス革命の記念碑と勘ちがいしている人がすくなくない。だが、大革命とはまったく関係がなく、七月王政を記念して立てられた。パリの街歩きで感じるのは、あれほど有名なフランス革命の記念碑が意外にすくないということだ。バスティーユ広場中央にある「七月の円柱」は七月革命のシンボルであり、台座にはいわゆる「栄光の三日間」の日付（二七日、二八日、二九日）が刻まれている。

コンコルド広場がいまのように整ったのも七月王政になってからだ。ルイ一四世やナポレオンの像が政変のたびにとっかえひっかえされた教訓から、イットルフ（一七九二～一八六七年）によって設計し直された広場中央には高さ二三メートルのオベリスクが立てられた。

ピンク色の花崗岩でつくられ、ヒエログリフ（神聖文字）が刻まれたオベリスクは一八二五年、イギリスと対立していたオスマン帝国のエジプト総督ムハンマド・アリー（一七六九～一八四九年）からフランスの支持を期待してシャルル一〇世に贈られたものだ。

オベリスクからシャン
ゼリゼ大通りを望む

コンコルド広場か
ら見て中央突き当
たりがマドレーヌ
教会。右側が旧海
軍省、左側はホテ
ル・クリヨン

旧海軍省

紀元前一三世紀のラムゼス二世時代のもので、パリにあるモニュメントのなかで最も古い。二二〇トンのオベリスクは、はるばるエジプトのルクソール神殿から引っこ抜いて運ばれた。したがってルクソールには、二本あるべき石柱が一本しかない。エジプトはずいぶんもったいないことをしたものだが、オスマン帝国から独立を勝ち取ったアリーに対するエジプト人の評価はいまも低くないといわれる。

オベリスクの足元にルイ一六世やアントワネットが処刑された場所を示すプレートがある。その近くからコンコルド広場の東西南北をざっと見渡せば、東はチュイルリー公園からルーヴル宮へつづく。西は凱旋門の方角。一直線に伸びるシャンゼリゼ大通りが素晴らしい。北はマドレーヌ教会の方角でホテル・クリヨンと旧海軍省が並ぶ。のちに支配者としてコンコルド広場に立ったヒトラー（一八八九〜一九四五年）が、それぞれの建物の配置の妙に感嘆している。

ナポレオンの地下墓地

一八三二年七月二二日、ウィーンに住むナポレオン二世は結核におかされ、二一歳でこの世を去った。これでナポレオン一世の直系は途絶えた。祖母レティツィアはローマで孫の訃報に接し、嘆き悲しんだ。だが、世の中には予期せざることが起こる。その頃、ローマにはレティツィアのもう一人の孫がいた。ボナパルト五兄弟の四番目ルイとジョゼフィーヌの娘オルタンスの間に生まれた子だ。この二四歳のごくふつうの青年がのちに第二帝政の皇帝になるとは、レティツィアには想像もできなかったであろう。

一八三五年七月二八日、現在のレピュブリック広場近くの大通りでルイ・フィリップ臨席のもとに観兵式がおこなわれた。そのとき、馬上の王に向けてイタリア人のアナーキストが階上から小銃を束にして集中射撃をした。これが機関銃の発明につながる。王は軽いケガで済んだが、首相ら一八人が犠牲になった。以来、大通りの見世物は禁じられ、やがてここに劇場が立ち並ぶことになる。

一八三七年、ヴェルサイユ宮が一般公開された。これもルイ・フィリップの功績であった。王は政権を手中にすると、ただちにヴェルサイユ宮の活用についてブレーンの意見を聞き、たどりついた結論は歴史博物館としての再生であった。戦争場面を描いた戦史の回廊はその企画の一つで、現在も見学コースとなっている。

一八四〇年五月一二日、ナポレオンの遺骸をイギリス領セント・ヘレナ島からアンヴァリッドに移す計画が議会で報告された。七月七日、ナポレオンがかつて出世の糸口をつかんだ南仏トゥーロン港から二隻のフリゲート艦が現地へ向かった。

一〇月九日、派遣隊はようやく島へ着いた。墓は谷にあり、英仏代表の立ち合いのもとに、木と金属で幾重にも保護されたナポレオンの柩があけられた。埋葬されてからすでに一九年の歳月が経ち、盗掘の可能性もあったが、遺骸はほとんど無傷に近い状態だった。ナポレオンは猟歩兵の制服にレジオン・ドヌール勲章をつけ、半ズボンに長靴姿で眠っていた。ひざのところにナポレオン帽子として知られる二角帽子がおかれていた。

ヴェルサイユ宮の
戦史の回廊

エトワール凱旋門の
内側

アンヴァリッド地下の
ナポレオンの棺

一一月、フリゲート艦はノルマンディーのシェルブール港へ入った。この港に八日間停泊した艦上に約一〇万人がおとずれ、甲板におかれたナポレオンの柩の前で祈ったり、ひざまずいたりした。一二月五日、葬列はエトワール凱旋門をくぐって、午後二時にアンヴァリッドに到着した。ナポレオンが祖国を去ってから二五年後の無言の帰還であった。これを契機にナポレオン伝説が一段と広まった。その主な発信源は軍事費削減で軍隊を去らざるを得なかった多数の元ナポレオン軍の将兵たちであった。

アンヴァリッドのホールからナポレオンの紅色花崗岩の墓を見おろしたあとは、階段をおりて地下墓地の周辺をじっくり拝見したい。まわりの壁面はナポレオンの栄光をあらわす彫像で飾られている。

バスティーユ広場のユゴー

ヴォージュ広場の一角に文豪ユゴー（一八〇二〜八五年）の記念館がある。『レ・ミゼラブル』の著者は七月王政から第二共和政にかけて政治家として活躍するが、やがて亡命を余儀なくされる。その経緯をたどれば、つぎのようになる。

一八四三年、ルイ・フィリップはノルマンディーでイギリスのヴィクトリア女王（一八一九〜一九〇一年、在位一八三七〜一九〇一年）と会見した。亡命中、イギリスで目の当たりにした産業革命をフランスに導入した王は女王の安定した統治に学ぼうとしたが、凶作と不景気のダブルパンチで民衆の不満は増大する一方であった。

一八四六年五月二五日、ルイ・ナポレオン（のちの第二帝政皇帝ナポレオン三世）がアム要塞から脱獄した。かれはこれまで亡命、放浪、反乱、投獄といった経歴の持ち主で、上流社会の評判は散々だった。

一八四八年二月二二日、ギゾー首相（一七八七〜一八七四年）は大規模な宴会を禁じ、これに対して民衆や学生が反発した。さらに「選挙権がほしければ、金持ちになればよい」というギゾーの失言が火に油をそそいで、パリは騒然となった。二三日、パリの民兵組織は共和派に加担し、チュイルリー宮を占拠した。武装した民衆ほど怖いものはない。ルイ・フィリップは退位を表明したが、民衆の怒りは収まらなかった。

ヴォージュ広場の一角にある
ユゴー記念館

二月二四日、バスティーユ広場は人波で埋まり、なかには武器を手にした労働者もいた。そこへあらわれたのはユゴーだった。ユゴーは後世の目には共和派のシンボルのような存在だが、このときはオルレアン家の擁護者であった。かれはルイ・フィリップの嫡子オルレアンの妻エレーヌの引きで子爵になっていた（その後、オルレアンは死亡）。オルレアン朝の存続を望むユゴーはルイ・フィリップに代えてオルレアンの遺児を即位させ、エレーヌを摂政とする計画を胸に秘めてバスティーユ広場へ出向いた。世論の感触をさぐるためである。

この日、ユゴーはバスティーユ広場中央にある「七月の円柱」台座に立ちあがって、大声でエレーヌが摂政になると告げた。「ノン！」という声が飛び交い、「貴族は黙れ！」と叫ぶ者もいた。民衆はオルレアン家の政権継続を望んでいなかった。蜂起した民衆がパリ市庁舎を取り囲んでも政府軍は動かず、七月王政は瓦解した。ルイ・フィリップはイギリスへ亡命した。二月二七日、バスティーユ広場で正式に共和政が宣言された。二月革命による第二共和政の誕生である。

ナポレオン三世と皇妃ウージェニー

当時の上流社会のサロンはどういう雰囲気だったのか。これは想像するしかないが、サロンのインテリアは大体わかる。たとえばルーヴル美術館の「ナポレオン三世の居室」は同時代の室内装飾や調度品によって構成され、その頃のしつらえをいまに伝えている。

このきらびやかな部屋にはナポレオン三世と皇妃ウージェニー（一八二六〜一九二〇年）の肖像画が個別に飾られている。ルイ・ナポレオンはどのようにして皇帝となり、ウージェニーと結ばれたのであろうか。

一八四八年一一月四日、第二共和政憲法が制定された。これにより男子普通選挙によって選ばれる大統領が行政権を持ち、一院制の議会が立法権を持つことになった。一二月一〇日、大統領選挙がおこなわれ、大方の予想を裏切って貧困の根絶をスローガンとしたルイ・ナポレオンが投票総数の七四・二％を獲得して当選した。マルクスによれば、この選挙結果は都市に対する農村の反動であった。オルレアン派を中心とする議会は制限選挙制を復活するなど、大統領への対抗姿勢を強めた。

一八五一年一二月二日、ルイ・ナポレオンは伯父ナポレオン一世の手法にならって、クーデターを敢行して武力で議会を解散した。一二日、新政権に激しく抵抗していたユゴーは、印刷工に変装してパリを逃れた。ユゴーはブリュッセルや英仏海峡上の英領ガーンジー島で時節の到来を待ち、その亡命生活は二〇年におよんだ。共和派の二万七〇〇〇人が逮捕され、その多くは南アフリカのギアナへ流された。マルクスの指摘を借りれば、経済恐慌がブルジョワジーをボナパルト支

ナポレオン3世の居室（肖像画は皇妃ウージェニー、ルーヴル美術館）

居室に掛かるナポレオン3世の肖像画（ルーヴル美術館）

持へと向かわせたのである。

このクーデターで暗躍したルイ・ナポレオンの異父弟、モルニー公爵（一八一一～六五年）の父親はタレーランの息子であった。離婚した母親のオルタンスはタレーランの息子の愛人となって一子をもうけた。それがモルニーで、かれは父親のちがう兄ルイ・ナポレオンを懸命に支えた。ジョゼフィーヌの娘とタレーランの息子、人間模様の絡み合いのほうも興味深い。

一八五二年一二月二日、帝政の賛否を問う人民投票で九六・五％の支持を得たルイ・ナポレオンは皇帝ナポレオン三世（在位一八五二～七〇年）になった。第二共和政は幕を閉じ、第二帝政の誕生である。一二月二日という日はかつてナポレオン一世の戴冠式がおこなわれた日であり、またオステルリッツの戦いで勝利した日でもあった。

ナポレオン三世は地方官僚のオスマンを抜てきして、セーヌ県知事とした。父親が第一帝政の財務官僚であったオスマンとパリ大改造に取り組むことになったナポレオン三世の脳裏にあったのは、亡命時代にさまよったロンドンの美しい街並みであった。パリをヨーロッパで最も美しい首都にするために蛮勇がふるわれ、パリは二〇区にわけられた。その頃のパリには二一五万人ほどが住んでいた。

古い家並みや路地裏はつぎつぎと取り壊され、思い切った線引きで放射線状にひろがる大通りがつくられた。上下水道が整備され、街路にはベンチやガス灯が設置された。道路幅に応じて建物の高さを均等にするなどパリの景観を一新させたが、その代償もまた大きかった。パリ市内に新築された集合住宅は家賃が高く、住民の入れ替えに拍車をかけた。貧困層は郊外へ追いやられ、いつしか都市外縁は左派勢力の地盤となった。ナポレオン三世は貧困層への目配りを怠ったわけではなく、かれは大統領に就任すると労働者のための集合住宅をつくっている。

　バリケードがかんたんにつくれなくなった道路整備には政治的な意図も混じっていたが、新都市構想はじつに雄大だった。東にヴァンセンヌの森、西にブーローニュの森を配置してパリの二大緑地としたうえ、モンスーリ公園やビュット・ショーモン公園を造成したのは慧眼で、オスマンの大胆な都市計画とその実行力は高く評価すべきであろう。オペラ座やグラン・パレ、プティ・パレの建設、ルーヴル宮の増改築もこの時代だ。とくにガルニエ（一八二五〜九八年）に設計をゆだねたオペラ座の着工はパリに輝ける金字塔を打ち建てる大ヒットとなって、今日なおその光彩は衰えていない。自分のひいきする建築家の案が落選して皇妃ウージェニー（一八二六〜一九二〇年）は面白くなかったのだろう、完成したオペラ座に難くせをつけた。

　ウージェニーはスペイン南部アンダルシア地方のグラナダで生まれた。五月五日のその日、グラナダは大地震に見舞われ、母親は庭に逃れたが、そのショックで急に産気づいて予定日より二週間早く庭のテントで出産した。どこか因縁めくが、アントワネットが生まれたとき（一七五五年一一月二日）もイベリア半島で大地震があり、約六万人が犠牲になっている。

　ウージェニーの父親はスペインきっての名家の出であったが、次男のうえ王室からにらまれ、マドリードから遠ざけられていた。少女時代、ウージェニーは母親とパリのシャンゼリゼで生活をした時期があった。大ナポレオンのファンである彼女はパリが大好きであった。現在はロダン美術館となっているところにあった修道院で学んだこともあった。ウージェニーはパリで

オペラ座

高さが均等に定められた建物群(エトワール凱旋門の屋上から写す)

二人の作家と知り合った。メリメ（一八〇三〜七〇年）と、かつてナポレオン軍の士官だったスタンダール（一七八三〜一八四二年）である。四〇歳以上も年上のスタンダールは美しく成長していく彼女に恋心を抱いた。その後、ウージェニーはマドリードへ戻るが、スタンダールとの文通がつづいた。ナポレオンの遺灰がセーヌ川ほとりのアンヴァリッドに安置されたことをウージェニーに知らせてくれたのも『パルムの僧院』の作者であった。だが、スタンダールの病死で、これが最後の手紙となった。

ウージェニーと母親は一八四九年二月、ふたたびパリのヴァンドーム広場一二番地のアパルトマンで生活を始めた。その頃、エリゼ宮のナポレオン三世を支えていた一人に伯父ナポレオン一世の末弟、ジェロームの娘マチルドがいた。ルイ・ナポレオンとマチルドは従兄妹にして元婚約者であった。ロシアの大富豪夫人になっていた彼女は大統領の要望もあって自宅でサロンをひらいていた。亡命生活が長く、パリに知己がそう多くないナポレオン三世にはそういう場が必要であった。

四月、ウージェニーは知り合って間もないマチルドから招待を受け、初めて行った夜会で一八歳年上のナポレオン三世に出会ってから七、八分ほどで部屋の隅で口説かれていた。

そういえば、伯父ナポレオン一世がジョゼフィーヌにアタックしたときも機敏だった。とはいえ、かれが行動を開始したのは彼女に出会った翌日で、この甥の素早さにはとうていかなわないのである。

一八五三年一月三〇日、ナポレオン三世とウージェニーの婚礼がノートルダム大聖堂であげられた。ナポレオン一世とマリア・ルイーズの挙式が参考にされた。三年後には男児が誕生し、第二帝政は盤石のように見えた。皇帝夫妻はサン・クルー宮で仮装舞踏会を催すなどわが世の春を楽しんだが、長つづきしなかった。

後半の詰めが甘いところにボナパルト一族の弱点があって、ナポレオン三世もその宿命から逃れられなかった。やがて第二帝政の絶頂期が去り、時代の端境期を迎えようとしているパリに、日本のサムライたちが姿を見せたのである。

第7章

パリへ渡ったサムライたち

慶長遣欧使節団を率いてヨーロッパへ渡った伊達藩の支倉常長（一五七一〜一六二二年）が、バチカンでローマ教皇パウルス五世（一五五二〜一六二一年）と会ったのは一六一五年である。この年、支倉はスペインからの帰途、嵐を避けるため南フランスの小さな漁港サン・トロペに数日、立ち寄った。これがフランスに日本人が足を踏み入れた最初であった。日本人で初めてパリをおとずれたのは、史料からすれば幕末の文久遣欧使節団である。

なんとローマに遅れること二四〇年以上である。もっと以前に日本人がパリに入っている可能性は大いにあるのだが、それを証明するものが見つかっていない。いずれにしても日本のサムライたちはどんなパリを目の当たりにしたのであろうか。ちなみにサムライたちの泊まったホテルはちゃんと残っていた。

文久遣欧使節団が泊まったホテル

この項の主人公は日本人なので、参考までに元号も入れておく。

一八五八（安政五）年一〇月九日、日仏修好通商条約が結ばれた。周知のように徳川幕府は列強と結んだ不平等条約に苦しむことになるが、災い転じてプラスとなった面もある。たとえば日本の中枢にいた人材の外国体験の契機となった点だ。

一八六二（文久元）年一月二二日、徳川幕府の幕臣らを乗せたイギリス海軍のフリゲート艦オージン号が品川港を出航した。一行は勘定奉行と外国奉行を兼務する竹内保徳《たけのうちやすのり》（一八〇七～六七年）を正使とする文久遣欧使節団であった。竹内の官位は下野守《しもつけのかみ》である。渡欧の目的はフランス、イギリス、オランダ、プロイセン、ポルトガルなどを歴訪し、開市（江戸と大坂）や開港（新潟と兵庫）を約束した安政の通商条約の延期を求めることにあった。

総勢三六人の一行のなかに福沢諭吉（一八三五～一九〇一年）、福地源一郎（一八四一～一九〇六年）の姿があった。このとき福沢は二七歳であった。二年前の咸臨丸の渡米に随行し、十分に海外経験を積んだ福沢であったが、使節団のなかでは六歳年下の福地より下位の職務に甘んじていた。のちに桜痴のペンネームで名をあげる福地が通訳担当であったのに対して、福沢は翻訳担当であった。翻訳係に松木弘安という同僚がいた。のちに明治政府の外務卿（外相）となる寺島宗則（一八三二～九三年）である。

四月七日、文久遣欧使節団はパリ・リヨン駅に着いた。以来、日本人にとって港町マルセイユとつながるリヨン駅はパリの玄関口となった。宿舎はパレ・ロワイヤルの目の前にある五階建てのホテル・ルーヴルで、客室が五〇〇もあった。縦五五メートル、横一〇九メートルの長方形の建物は現存する。骨董店などが入る商業施設ルーヴル・デ・ザンティケールが、かつて福沢諭吉らの宿泊したところだ（現在、すぐ近くにホテル・ルーブルがあって混同されやすいが、これは無関係である）。

随員の行動は縛られていた。自由に市内見物に出かけたり、夜の盛り場をうろついたりするのはご法度で、ホテルの窓からの観察がかれらの好奇心を満たした。ジャーナリスティックな感覚に富む福沢諭吉は警護の物々しさから、すぐにパリの治安の不安定さを察知した。

四月一三日、正使の竹内保徳ら三使節（ほかに副使と御目付）はそれぞれナポレオン三世が差し向けた六頭立ての馬車で目と鼻の先にあるチュイルリー宮へ向かった。通訳の福地源一郎も二頭立ての馬車で随行した。福沢諭吉は晴れがましい三使節一行の出発をホテル三階の部屋の窓から見送った。

江戸幕府の使節が皇帝ナポレオン三世と皇妃ウージェニーに謁見した六日後、パリの絵入り週刊イリュストゥラシオン紙は、かれらの参内をイラストで報じた。これは日本でもかんたんに実物を見ることができる。千葉県佐倉市城内町にある国立歴史民俗博物館の常設の第三展示室（近世コーナー）に置かれているからだ。

四月二一日、竹内保徳ら主要メンバーはヴェルサイユ宮へ出かけた（福沢諭吉は同行メンバーには入れなかった）。肝心の条約改正交渉ははかばかしくなく、本当は物見遊山どころではなか

パリ・リヨン駅

ルーヴル・デ・ザンティケール（右手にルーヴル美術館がある）

ホテル・グラン（右奥はオペラ座）

マドレーヌ教会

った。使節団はいったんパリを離れ、ほかの国々をまわったあと、再訪することになった。出発まで数日の余裕があり、福沢はフランス人通訳の案内でブルボン宮やマドレーヌ教会、植物園などをおとずれた。三〇日、一行はロンドンへ向かった。

九月二二日、遣欧使節団はパリに舞い戻った。一行の宿舎はオペラ座の隣りのホテル・グランだった。新築したばかりの七階建てのホテルはいまも五つ星の高級ホテルとして営業をつづけている。

日本のパリ万博初体験

第二帝政といえば、パリ万国博覧会である。第一回パリ万博は一八五五（安政二）年五月一五日、シャンゼリゼ地区でひらかれ、二五か国が参加し、六か月の会期で五一六万人の有料入場者がおとずれた。これには日本は縁がなかったが、その後、フランス側の誘いもあって江戸幕府はパリ万博に強い関心を寄せていた。

一八六五（慶応元）年七月、外国奉行の柴田剛中《たけなか》（一八二三〜七七年）は製鉄所建設やフランスの軍制研究の目的でフランスへ向かった。文久遣欧使節団に組頭として参加した柴田は帰国後、外国奉行を命じられていた。パリへ到着した柴田は、フランス外務省に対して将軍の名代として徳川昭武《あきたけ》（一八五三〜一九一〇年）を二年後にひらかれる第二回パリ万博に派遣することを伝えた。

一八六七（慶応三）年二月一五日、徳川昭武を団長とする第二回パリ万博使節団が横浜港からフランス郵船アルフェ号で出発した。水戸藩主の家に生まれた昭武は将軍になったばかりの徳川慶喜（一八三七～一九一三年）の実弟で、まだ一三歳の少年であった。弟の将来に期待していた慶喜は、昭武のパリ留学まで視野に入れての派遣であった。

この使節団に渋沢栄一（一八四〇～一九三一年）が会計係として加わっていた。現在の埼玉県深谷市で豪農の家に生まれた渋沢は江戸遊学の際、一橋家の家臣と知り合いになり、これがきっかけで慶喜に仕えていた。一五〇年後の二〇一九（平成三一）年四月、渋沢は一万円札の肖像画に選ばれ、公表された。奇遇というべきか、一九八四（昭和五九）年から一万円札の顔をつとめ、ともに一八六〇年代のパリを知る福沢諭吉から渋沢はバトンを受け継ぎ、二〇二四（令和六）年に新一万円札として登場する。

四月一日、第二回パリ万博がオープンした（一一月三日まで）。この日、ナポレオン三世夫妻は馬車でイエナ橋を渡ってシャン・ド・マルスの万博会場に入り、テープカットに臨んだ。先般、エッフェル塔の目の前のイエナ橋下におりたところ、橋げたに鷲の絵が彫ってあった。いうまでもなくナポレオン一世の紋章である。

第二帝政最後のこの万博には薩摩藩と佐賀藩も参加した。佐賀藩は有田焼などの出品を決めた。仕切ったのは藩士の佐野栄左衛門、のちの伯爵佐野常民（一八二二～一九〇二年）であった。健大きな薬屋を営む野中元右衛門（一八一二～六七年）が販売面の実務を担うことになった。健康に不安のある野中の洋行に家族は猛反対したが、「フランスは仏の国と書く。仏の国で死んだら本望」と出発した。

六月一二日、佐野栄左衛門らはパリのホテル・ルーヴルに落ち着いた。だが、その直後に体調不良を訴えていた野中元右衛門は急死し、ペール・ラシェーズ墓地に埋葬された。佐賀の有田焼はまだ高い評価を得るまでにはなっておらず、結局、大量の売れ残りが出てしまった。二〇一七（平成二九）年六月一七日、ペール・ラシェーズ墓地で野中元右衛門をしのぶ没後一五〇年祭が神式でとりおこなわれたが、野中は今日の有田焼のパリにおける高い評価を想像すらできなかったであろう。

必見の視察先だったパリ警視庁とサンテ刑務所

以前、ノートルダム大聖堂の北塔に登ってパリ警視庁を見おろし、建物の規模が東京警視庁より大きいのを確認したことがある。入れ物のサイズはともかく先進国の警察機構や刑務所などは明治新政府の大きな関心事だった。したがってパリ警視庁とサンテ刑務所は後発の日本エリートにとって必見の視察先であった。

一八七二（明治五）年一一月三〇日、マルセイユ発パリ行きの列車に乗った日本人一行のなかに警視庁の初代大警視（警視総監）となる川路利良《としよし》（一八三四〜七九年）がいた。この車中のエピソードが司馬遼太郎作『翔ぶが如く（一）』（文藝春秋、一九七五年）の冒頭で描かれている。それをなぞると、川路は急に便意を催した。トイレへ行く間もない切羽詰まった状態のなかで、

岩倉使節団が降り立ったパリ東駅

ビュット・ショーモン公園

ゴブラン織製作所

かれは咄嗟に横浜で買った新聞紙を敷いて用を足した。そして新聞紙をまるめて窓からぽいと捨てたが、運悪く保線作業員にあたってしまった。怒った作業員は警察に訴え、それがパリの新聞に載って川路のマナー違反がバレてしまったという話である。

川路利良は警察長官フーシェをお手本としていた。薩摩藩士だった川路は明治維新で司法省に入って頭角をあらわし、ヨーロッパ視察に出かける司法卿、江藤新平（一八三四〜七四年）の随員八人のなかに選ばれた。多忙をきわめていた江藤はあとから出発する予定で、川路らが先発した。司法制度づくりに追われて洋行を取りやめた江藤は佐賀の乱で斬首された。

一八七四（明治七）年、川路利良の主導で東京に警視庁が創設されたが、この年の一一月一六日、岩倉視察団がパリ東駅に到着した。岩倉使節団はエトワール凱旋門近くの宿舎を足場に翌年二月一七日までパリに滞在して精力的に歩き回った。リュクサンブール公園にビュット・ショーモン公園、ブーローニュの森にヴァンセンヌの森、サン・クルー宮にフォンテーヌブロー宮と郊外にまでおよび、銀行に裁判所、造幣局にチョコレート工場、病院に墓地とその見学先は枚挙にいとまがないほどだ。

岩倉使節団が東部の場末にあるビュット・ショーモン公園まで出向いていたのは意外だった。もともとは石切り場で荒れたはげ山にすぎなかった。現在は起伏に富んだスケールの大きい公園になっていて、いつ行っても中国人や韓国人のグループの体操や散策の姿を見かけた。

貴族の館を飾る大きなタペストリーに感嘆したサムライたちは、ゴブラン織の製作現場を見学している。一三区のイタリア広場の近く、ゴブラン大通りにある国立ゴブラン織製作所で、いまも見学できる。

　また、一行はリュクサンブール公園近くのパリ天文台にも足を運んだ。天文台の建物のおびただしい砲弾の痕跡に、かれらはパリ・コミューン騒乱の凄まじさを実感したにちがいない。フランス当局の説明のせいもあるのだろうが、岩倉使節団はパリ・コミューンに冷ややかであった。パリ・コミューンについては次章で詳しくふれたい。

　かれらが見学したサンテ刑務所は、パリ天文台の裏手の筋向いにある。六角形の建物をぐるりと囲む塀は二階ほどの高さだ。『米欧回覧実記』に「軽罪人の懲役場なり」とあるように、強盗や殺人犯はいなかった。

　かつて社会運動家の大杉栄（一八八五〜一九二三年）がここに収監されたことがあった。中国人になりすまして入国した大杉は一九二三（大正一二）年のメーデーの際、パリ近郊のサン・ドニで演説をおこない、逮捕された。身元がばれた大杉はサンテ刑務所に放り込まれた。酒もたばこも許されたと回想している。大杉に対する判決は日本への強制退去で、日本領事館が身柄を引き取ってかれは七月一一日に神戸港へ着いた。現在のサンテ刑務所は凶悪

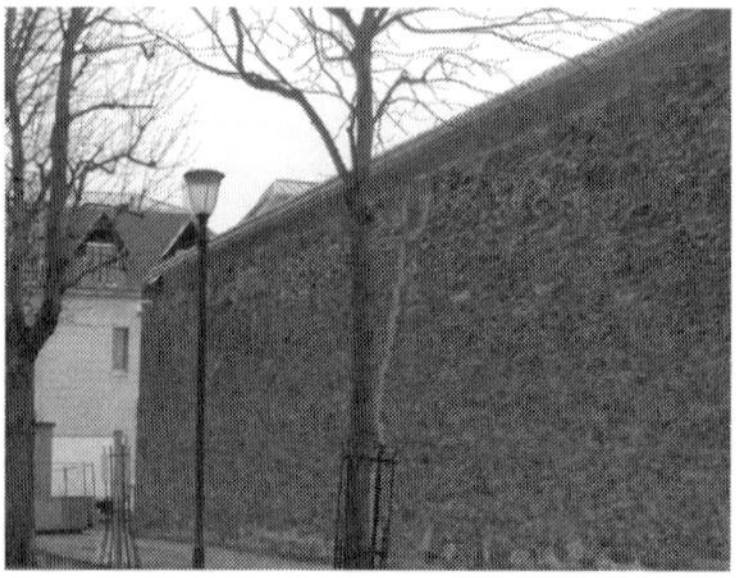
サンテ刑務所

パリ天文台

犯が収容され、大杉がいた頃のようなのんびりした雰囲気は微塵もない。

一八七八（明治一一）年三月一日、第三回パリ万博がシャン・ド・マルスでオープンした（一〇月三一日まで）。ガラスと鉄骨の壮大なパビリオンがひと目を引いた。このとき、起立工商という参加企業の通訳として活躍したのが、林忠正（一八五三～一九〇六年）であった。林は万博閉幕後もパリに残り、流暢《りゅうちょう》なフランス語を武器に美術商や翻訳家としてパリのジャポニスムを支え、印象派を初めて日本に紹介した。葛飾北斎（一七六〇～一八四九年）ら日本美術の普及に貢献した林はドガ（一八三四～一九一七年）らと親交を結び、パリ文化人の多くを日本びいきにした。

パリ万博会場の川上貞奴と夏目漱石

一八八九年三月三一日、フランス革命一〇〇周年を記念して工事がすすめられていたエッフェル塔の落成式がおこなわれた。四月一日、一一年ぶりに第四回パリ万博がひらかれた。グラン・パレが主要な展示場で、アレクサンドル三世橋やオルセー駅もつくられた。ハイライトはエッフェル（一八三二～一九二三年）の設計した高さ三〇〇メートルを超える鉄塔であった。石づくりのパリの街並みに鉄骨はそぐわないと、猛反対された挙げ句の着工であった。

先般、筆者は数十年ぶりに鉄骨の階段を昇ってみた。二〇一四（平成二六）年一〇月にリニューアルオープンした第一展望台（地上五七メートル）まで三六〇段。若い頃の倍の時間をか

エッフェル塔のエッフェル像

エッフェル塔

けてなんとかたどり着いたが、さすがに第二展望台（一一五メートル）までの七〇四段をのぼる気力はなかった。エレベーターでしかのぼれない最上階の展望台までは二七六メートルだが、エッフェル塔は上だけでなく塔の下の周辺も面白い。芝生の上で色とりどりの弁当を広げる家族連れ、寄り添う恋人たち、すぐそばの公園で憩う人々、運がよければ美人のモデルの撮影隊もいて彩を添える。ほんとうは二〇年経ったら壊される運命にあったが、無線電信に活用できるとわかってエッフェル塔はあやうく助かった。

一九〇〇（明治三三）年四月一四日、イエナ橋のたもとにあるトロカデロ地区で第五回パリ万博がひらかれた（一一月一二日まで）。七月四日、その一角にアメリカ人女性ダンサー、ロイ・フラー（一八六二～一九二八年）が自分の名前を冠した芝居小屋をオープンした。そのこけら落としに招かれたのが世界巡業をつづけていたオッペケペケ節の川上音二郎（一八六四～一九一一年）一座であった。いつも満席で、そのなかには五九歳の彫刻家ロダン（一八四〇～一九一七年）の姿もあった。一番人気を得たのは音二郎の妻で女優の貞奴《さだやっこ》（一八七一～一九四六年）だった。

同じ頃、意外な人物が万博会場にあらわれた。三三歳の夏目漱石（一八六七～一九一六年）である。漱石は熊本の五高で教鞭《きょうべん》をとっていたとき、ロンドン留学を命じられた。一九〇〇年九月八日、漱石は横浜港からドイツ客船のプロイセン号で留学仲間四人とともに出航した。いずれも国費留学の教員であった。留学先は漱石がイギリス、ほかの四人はドイツでフランス組は一人もいなかった。そろってパリを目指したのはパリ万博を見物するためだった。

一〇月二一日、漱石らはパリ・リヨン駅に降り立ち、翌日にはさっそく万博会場へ足を運んだ。人気を呼んでいたのは世界一周パノラマ館であったが、文部省から出向した大使館員が漱石らを案内したのは地味な教育館だった。二三日、かれらは夜の街へ繰り出した。現在のギャルリー・ラファイエット（百貨店）から北へ五〇〇メートルほどのところにあるカジノ・ド・パリでショーを楽しんだ。そのあと、オペラ座から三〇〇メートルほどのところにあるオランピアというミュージックホールの地下のカフェレストランでひと休みし、宿舎に戻ったのは午前三時だった。

一〇月二五日、漱石らは鉄骨とガラス張りの丸屋根で知られるグラン・パレへ行った。大通りを隔てた真向かいのプティ・パレ、それにすぐ近くのアレクサンドル三世橋はいずれも一九

グラン・パレ

プティ・パレ

アレクサンドル3世橋

〇〇年のパリ万博のときに建てられた。二六日、漱石は宿舎から歩いて六、七分のところに住んでいた画家で東京美術学校（現在の東京芸術大学）教授の浅井忠（一八五六〜一九〇七年）をたずねた。浅井は『三四郎』に登場する深見画伯のモデルといわれている。二七日、漱石は仲間二人と万博見物に出かけ、工芸館や機械館などをまわった。二八日朝、漱石はサン・ラザール駅から単身、ロンドンへ向かった。

島崎藤村も疎開を余儀なくさせられた大戦下のパリ

一九一三（大正二）年四月一三日、島崎藤村（一八七二〜一九四三年）が神戸港からフランスのエルネスト・シモン号に乗船した。外国旅行に慣れた画家の有島生馬（一八八二〜一九七四年）が見送りにきてくれ、神戸の街で日本円をフランに替えてくれた。晴れやかな旅立ちとはとてもいえなかった。妻を亡くしたあと、子どもの世話をしてくれていた姪と深い関係になり、妊娠させてしまった四一歳の島崎にとっては、日本からの逃避でもあった。

五月二三日、パリに着いた島崎藤村は有島生馬から紹介された一四区のポール・ロワイヤル通り八六番地に直行した。有馬が世話になったシモネエ夫人の下宿屋で、そこの食堂は日本人のたまり場になっていた。

島崎藤村はシモネエのモデルを「年を取ったフランスの婦人」と自伝的小説『新生』で紹介している。そのため多くの研究家は彼女を老女と想像したが、フランス文学者の河盛好蔵（一九〇二～二〇〇〇年）は、「ほんとうにそうなのか。まだ色香の残っているマダムだったのではないか」と疑った。島崎の友人が「あなたは下宿のおかみとあやしいんじゃありませんか」とからかった話を根拠に河盛は、新聞記者顔負けの執念で当時の彼女の年齢を調べた。その結果、シモネエは五六歳とわかった。島崎はフランス滞在三年間のうち、二年一〇か月をシモネエの世話になっている。

八月二日、ドイツが宣戦布告し、パリに戒厳令がしかれた。通行証なしには街を歩けなくなった。島崎藤村はシモネエから一緒に疎開しないかと誘われ、それに応じた。行き先は彼女の故郷（フランス中部のリモージュ）の姉の家で、島崎のほかに四人の日本人画家も同行することになった。八月二八日、一行はオルセー駅から列車に乗ってパリを離れた。目的地まで列車で七時間の距離であったが、始発駅は現在のオルセー美術館である。三〇日、ドイツ軍が初めてパリを空襲した。九月二日、政府はボルドーへ移転することを決定した。ドイツ軍はマルヌ川に到達した。パリまではあと四〇キロだった。開戦以来、フランスはドイツ軍に終始押されっぱなしであった。一〇月、グラン・パレに一二〇〇のベッドが運び込まれ、病院となった。

かんばしくない戦況に苛立ったパリ市民は、「こっちは命がけで戦っているのに、あっちは午前一〇時と午後三時にのんびりとお茶を飲んでいる」と、戦場ならぬ街中のカフェで同盟軍のイギリス人将兵に悪態をついてうっぷんを晴らした。なかには、「ロシアを破った日本軍にきてもらおう」と息巻く者もいた。これは巷の茶飲み話というたぐいのものではなかった。ミラクル願望のフランス人は、朝野を問わず日露戦争（一九〇四年二月～一九〇五年九月）の奇跡

かつては駅だった
オルセー美術館

オルセー美術館の屋内
テラスの大時計が駅の
名残りを伝えている

プティ・パレのそばの
クレマンソー像

メトロのパッシー駅近くに
あるクレマンソー記念館

を思い出したのだ。

一九一五年になると、日本への期待は新聞の社説にまで載るようになり、首相をつとめた政界の重鎮クレマンソーまで日本出兵論を唱え出した。パリに伴野文三郎という三二歳の貿易商がいた。かれは伴野商店（現在の伴野貿易）の看板を掲げて、小型映写機などを日本に導入していた。かれは日本の事情をまったく知らないこれらの論調に唖然とした。伴野は意を決してクレマンソーに面会を求め、日本への増派要求の現実味のなさを切々と説いた。そのとき野にあって弁護士事務所をひらいていたクレマンソーは伴野の話にうなずいた。

プティ・パレのそば、シャンゼリゼ大通り寄りにクレマンソー像がある。どこへでも出かけていった好奇心旺盛な元首相の姿がよくあらわれている。セーヌ川をはさんでエッフェル塔の対岸は高級住宅街のあるパッシー地区だが、クレマンソーはその一角のアパルトマンに住んでいた。メトロのパッシー駅近くのアパルトマンは現在クレマンソー記念館として公開されていて、かれのジャポニスムへの憧憬がうかがえる。

二〇一四年春、ギメ東洋美術館でクレマンソー・コレクション展がひらかれたときも、葛飾北斎の「赤富士」などが展示されていた。驚いたのは茶道具の一つ、香合《こうごう》のコレクションだ。香を入れる小さな容器で、数百点も並べられていた。香合そのものを知る日本人でさえごく少数というのに、クレマンソーはその職人芸に美を見い出したのである。なるほど、一点一点が江戸期の煙草入れる根付のように個性的だった。

第8章
世紀末のパリの空の下で

時代をすこし戻すが、ナポレオン三世は一八七〇年七月一九日、プロイセンに宣戦布告した。普仏戦争の開戦に際しては皇帝よりも皇妃ウージェニーのほうが積極的だったといわれる。だが、あまりにも無謀すぎた。五〇万のプロイセン軍に対して、フランス軍はその半数の兵力しか動員できなかった。フランス北東部のメスが包囲されると、体調不良にもかかわらずナポレオン三世は一〇万の将兵を率いて赴いたが、九月二日、セダンの戦いで捕虜となった。第二帝政はあっけなく幕を閉じ、国防臨時政府が第三共和政を宣言し、戦争を受け継いだ。世紀末へ向かうパリの空の下で、深刻な事態が展開されようとしている。

この章で初めに出てくるデファンス地区は、現役記者時代の筆者が取材で駆けめぐった思いで多いところで感慨ひとしおである。

パリ防衛に由来するデファンスの地名

パリは一八七〇年九月一九日から一三五日間、プロイセン軍に包囲されたが、三五万人のパリ市民は銃を手にして立ちはだかった。敵軍の兵糧攻めに対して、市民は動物園の動物を犠牲にしてまで耐えた。パリの西郊、エトワール凱旋門から四・五キロ先にある現在のデファンス地区での市民防衛隊の死闘はいまも語り継がれている。もっとも、デファンスという地名は存在しなかった。

現在、デファンスといえば、リトル・マンハッタンとも呼ばれるヨーロッパ有数のビジネス街。そのデファンス大通りのど真ん中、アガム泉水のほとりに激戦の記念碑がある。同時代にコンペが実施され、ロダンを含む一〇〇人ほどの彫刻家が参加した。そのなかから選ばれたのは、バリア作「ラ・デファンス・ド・パリ（パリの防衛）」だった。一八七九年、完成した記念碑はシャンゼリゼ大通りの延長上、ヌイイ橋を越えた先のクルブヴォワというところの円形広場に置かれた。そして広大な一帯が一九五〇年代に職住接近型の未来都市として大々的に開発されることになったとき、計画地区の名前はバリアの彫像からヒントを得てデファンスと決まり、開発途上で記念碑も現在地に移された。

バリア作「ラ・デファンス・ド・パリ」
（デファンス大通り）

デファンスの死闘の甲斐もなくフランスは敗れ、勝ったプロイセンも変革期を迎えていた。諸邦の統一に奔走した鉄血宰相ビスマルク（一八一五～九八年）の剛腕でドイツ帝国が誕生し、プロイセン王が初代皇帝につくことになった。ヴィルヘルム一世（在位一八七一～八八年）である。

一八七一年一月一八日、ヴィルヘルム一世の戴冠式がベルリンではなく、ヴェルサイユ宮の鏡の回廊でおこなわれた。二八日、フランス臨時政府のファーヴル外相はヴェルサイユで休戦協定に調印した。その日、ビスマルクはファーヴルを延々と待たせ、午前中から待機していたかれがビスマルクに会えたのは夜の七時であった。休戦成立の報が伝わると、ブルジョワジーの多くは前途を悲観してつぎつぎとパリを見捨てて去った。気がつけば、パリはプロレタリアの街になっていた。結局、フランスはアルザス地方の大半とロレーヌ地方の一部をドイツに奪われ、その復讐心にかられてやがて第一次世界大戦へと突きすすむことになる。

いずれにしても安定した政体を構築する必要があった。それは王政か、それとも共和政か。あるいは三度目の帝政か。フランスは決断を迫られた。

二月八日、騒然とした世情のなかで国民議会選挙がおこなわれ、六五〇の総議席数のうち四〇〇を王党派が獲得して圧勝した。ブルボン家にはシャルル一〇世の孫、シャンボール伯（一八二〇～八三年）という正統相続者がいた。選挙結果からすれば、かれの王位もあり得たし、一部の強い野心もあった。だが、かれはフランス革命を象徴する青と赤の入る三色旗を拒否し、一部の強い反発を招いた。王党派も一枚岩ではなかったのである。また、帝政の続行を期待するむきもあったが、一つの勢力となるまでには至らなかった。

おかげで共和国臨時政府が現状を維持し、二月一七日、ボルドーでひらかれた国民議会で、オルレアン王政や第二帝政で活躍し、その後鳴りを潜めていたティエールが共和国行政長官に指名された。二六日、アルザスおよびロレーヌの大部分の割譲と五〇億フランの賠償金の支払いに合意する仮条約が結ばれた。ドイツへの大幅な譲歩は、パリ市民を強く刺激した。講和派は沈黙し、徹底抗戦派はひそかに民兵組織の強化に乗り出し、パリは不穏な空気に包まれた。

三月一日、旧プロイセン軍を主力とする新ドイツ軍がパリに入城した。かれらはのちのナチス・ドイツとちがってパリを占領下におく考えはなかったが、パリ市民は冷たい態度を露骨に示してドイツ軍を迎えた。商店街の多くは日中も店を閉じ、夜になってもガス灯のあかりはともらず街は闇につつまれた。なかには営業をつづけたカフェもあってドイツ兵でにぎわったが、あとで投石に遭って店内をめちゃめちゃにされた。また、ドイツ兵をひきずりこんだ娼婦もあとで罵声を浴びたり、殴られたりした。ドイツ軍は大量の武器弾薬を残して三日で引きあげた。

三月一八日、モンマルトルの丘で共和国臨時政府軍は大砲を撤去する作戦にとりかかったが、武器を手にした民衆に抵抗されたうえ、将軍二人が射殺された。衝撃を受けた行政長官ティエールはパリからヴェルサイユへ政府機構と軍隊を移した。ばらばらだった民衆がティエール政権に反発し、パリ・コミューンを結成した。かれらは一つの自治体となってパリを動かし始めた。

パリ・コミューンとペール・ラシェーズ墓地の惨状

一八七一年三月二八日、共和国政府軍を市外へ追い出したパリ・コミューンによって選挙がおこなわれ、労働者や知識人を中心に六四人のコミューン委員が選出された。パリ市庁舎の広場でパリ・コミューン宣言が発せられ、ちゃちではあるが曲がりなりにもプロレタリアート政権の誕生となった。草の根やネズミを食べてもドイツや反動政権に徹底抗戦すると叫ぶかれらの心意気は勇ましかった。ただ、組織としてのぜい弱さは否めず、メンバーのなかに医師や法律家、ジャーナリストはいても、いずれもリーダーの素質に欠けていた。見た目は画期的な自治組織も内情はバラバラで、的確に号令をかけられる人材に恵まれなかったのは致命的だった。

五月一六日、意気盛んなコミューン軍兵士や市民らによってヴァンドーム広場中央にあるナポレオン一世の円柱が引き倒された。二一日、隙をついて共和国政府軍は日曜で閑散としたパリに突入した。迎え撃つコミューン軍の指揮者は実戦経験がなく、暴徒化してチュイルリー宮やパリ市庁舎に火を放つ者を制止できる力もないまま労働者が多く住む東部地域へじりじりと後退した。数々の歴史の舞台となった宮殿と市庁舎は惜しくも炎上し、美術品や貴重な資料が多数焼失した。ドイツ軍でさえ自重した文化財の焼き討ちに、理性をうしなった一部パリ市民が突っ走ってしまったのだ。

五月二八日、追いつめられたコミューン軍兵士たちは東北部の斜面に広がる敷地四四ヘクタールのパリ最大の霊園、ペール・ラシェーズ墓地で共和国政府軍に立ち向かった。降りしきる

パリ・コミューン
犠牲者の碑
（ペール・ラシェーズ墓地）

パリ・コミューン
犠牲者の追悼
のために着工
されたサクレ・
クール聖堂

雨のなか、つぎつぎと銃弾に倒れ、最後に残ったのは一四七人といわれるが、かれらは行き止まりのレンガづくりの壁の前で全員銃殺された。現在、そこには「コミューン慰霊碑」がある。

　現場はシャンソン歌手ピアフ（一九一五～六三年）の墓からそう遠くないところにあって、近くにナチスの犠牲者を弔うモニュメントもある。ペール・ラシェーズ墓地はショパンやモディリアニら著名人の墓が多く、いまやパリの観光スポットとなっている。だが、さすがにコミューン慰霊碑のある突き当たりまでやってくる観光客はそう多くない。筆者は二度ここをおとずれているが、いつも碑の前には花束があった。パリ市民にとっては特別な場所なのだろう。

　一週間の壮絶な市街戦が展開された結果、二万人前後のコミューン軍兵士と市民が犠牲になった。約四万五〇〇〇人が軍事法廷で裁かれ、二三人が死刑となった。

　モンマルトルの丘にそびえるロマネスク・ビザンティン様式のサクレ・クール聖堂はパリ・コミューンで犠牲になった人々を追悼するために着工され、一九一四年に完成した。ドームの高さはパンテオンと同じ八三メートルだ。聖堂建設を主導したのは、パリ・コミューンの対極にあった王党派やカトリック勢力であった。じつは、騒乱の際、パリの大司教ダルボワをはじめドミニコ会の修道士らが犠牲になっていたのだ。

　ヴァンドーム広場のモニュメントは政権交代のたびに物議をかもす、目立ち過ぎる存在であった。繰り返しになるが、最初はルイ一四世の騎馬像が置かれ、つぎに古代ローマ皇帝ふうの衣装を身にまとったナポレオン一世をいだく円柱がすえられた。かれが失脚すると、円柱のてっぺんの皇帝像は大きなユリの花に替えられた。ブルボン朝の復活であるが、それもつかの間、七月革命でユリの花はおろされ、ふたたびナポレオンの立像がすえられた。ただし、古代ローマ皇帝ふうではなく、伍長服を着用したナポレオン一世であった。ナポレオン三世の時代になると、伍長姿からまたローマ皇帝ふうへ代わった。

パリ・コミューンの際は、画家クールベ(一八一九〜七七年)も加わって引き倒された。コミューン崩壊後、ナポレオン一世像は元に戻され、今日に至っている。クールベは罰金刑に処され、スイスに亡命した。

日本人としてパリ・コミューンを目の当たりにしたのが西園寺公望である。西園寺は明治新政府のお墨つきを得た官費留学で一八七〇年一二月三日、アメリカ経由でフランスへ向かった。サンフランシスコ、ニューヨーク、ロンドンを経て一八七一年三月二六日にパリへ一歩をしるした。まさにパリ・コミューンの沸騰していた頃であった。

マリアンヌという共和国の寓意

一八七五年一月三〇日、任期を七年にする共和国大統領選出に関する修正案が三五三票対三五二票というわずか一票差で可決された。ティエールが初代大統領となった。ヒトラーのパリ支配までつづく第三共和政の誕生である。第三共和政といえば、レピュブリック広場のマリアンヌ像が目に浮かぶ。

ふだんのレピュブリック広場はいつ行っても閑散としている。一九世紀前半、このあたりは犯罪大通りと呼ばれていた。芝居小屋が立ち並び、どこも殺人事件がらみの出しものが多かったのが名前の由来だ。当時の街の雰囲気はマルセル・カルネ監督（一九〇六〜九六年）の映画『天井桟敷の人びと』（一九四五年）にあざやかに描かれている。

一帯にはライオンの噴水があったが、オスマンの都市改造の際に取り壊された。市民の暴走を防ぐ目的があって、兵舎も設けられた。長方形の空き地にレピュブリック広場の名前がつけられたのは第三共和政になってからで、広場のシンボルであるマリアンヌ像が設置されたのは一八八三年だ。この第三共和政の記念碑コンペで選ばれたのはモーリス兄弟のマリアンヌ像だ

ふだんは静かなレピュブリック広場

レピュブリック広場のマリアンヌ像
（モーリス兄弟作）

ナシオン広場の「共和国の勝利」（ダルー作）

白鳥の小径の先端にそびえる自由の女神

ドラクロワ作「民衆を導く自由の女神」（1830年、ルーヴル美術館）

った。

だが、落選した彫刻家ダルー（一八三八〜一九〇二年）の案も審査員の注目を集め、ボツにするのは惜しいとパリ当局は作品化の権利を取得した。クールべとともにパリ・コミューンに参加したかれはロンドンに亡命を余儀なくされたが、一八八〇年にようやく恩赦で帰国を許されていた。そのときの提出案もやはりマリアンヌを中心とした群像だった。やがてダルー案が日の目を見る。一八九九年、大革命一〇〇周年を記念してダルーのブロンズ彫刻群「共和国の勝利」がナシオン広場中央にすえ置かれた。

このようにマリアンヌはフランス共和国を象徴する女性像である。自由の女神もむろんマリアンヌという共和国の寓意の一つである。ニューヨークの自由の女神像は一八八四年にアメリカの独立一〇〇周年を祝ってフランスから寄贈された。そして一八八九年、フランス革命一〇〇周年を記念してパリ在住のアメリカ人からフランスへ同じ設計家による自由の女神が贈られ、グルネル橋近くの白鳥の小径の先端にすえられた。

おっと、ルーヴル美術館の至宝、ドラクロワの勇ましい「民衆を導く自由の女神」を忘れるところだった。七月革命を主題とした名作だ。そういえば、ブルボン宮の南側にもマリアンヌ像があった。レピュブリック広場の場合、ドラクロワが描いたような戦闘的なマリアンヌではなく、平和でおだやかなマリアンヌとなっている。ドゴールが国民に憲法草案を説明したのもこの広場だった。だが、レピュブリック広場に集まる民衆の多くは反権力側で、かれらが広場に集まるとき、パリはしばしば喧騒につつまれることになる。

サラ・ベルナールとドレフェス事件

あれはいつだったか、プティ・パレ（パリ市立美術館）へ入ってお目当ての画家クレラン（一八四三〜一九一九年）作「サラ・ベルナールの肖像」を探したが、ない。聞けば、貸し出しでアメリカへ渡っているという。さんざん時間をかけて見つけた店のシャッターがおりているときの気持ちと同じで、ガクンと疲れを感じた。翌年、プティ・パレへ行くと、華麗なサラの肖像は入り口のすぐ近くにあった。

パリ生まれの伝説的な女優サラ・ベルナール（一八四四〜一九二三年）は寝室に棺を置いてそのなかで寝たり、ニシキヘビを飼ったり、とにかくゴシップが多かった。だが、世紀の大スターだけにその人脈は幅広く、ときには歴史に寄り添ってもいる。

クレラン作「サラ・ベルナールの肖像」（プティ・パレ）

一八九四年一〇月、パリの世論を二分するドレフェス事件が起きた。ユダヤ人のドレフェス大尉（一八五九〜一九三五年）が機密文書をドイツ大使館に手渡したとしてスパイ容疑で逮捕された。まじめで成績もよかったドレフェスはまったく身に覚えがなかったが、容疑を裏づける明細書の筆跡が似ているとされた。そのうえ参謀本部情報部に属するアンリ少佐の告発が決め手となって、一二月二二日、ドレフェスは軍法会議で終身刑に処せられ、南米ギアナにある悪魔島へ流された。

その間、メディアのみならずサロンやカフェ、あるいは家庭でも再審すべきだというドレフェス擁護派と再審に反対のカトリック勢力を中核とする反共和派の激しい突っ張り合いが展開された。

サラ・ベルナールはドレフェスの冤罪を信じていた。ただ、息子のモーリスと意見が割れて悩んでいた。実母がオランダ系ユダヤ人で、共和派のシンボルであるユゴーと特別な関係にあったサラにとって、ドレフェス支持は考えるまでもなかった。それだけに過激な反ユダヤ主義者となった一人息子に心を痛めた。

パレ・ロワイヤルの一角にあるコメディー・フランセーズ

サラ・ベルナールは二〇歳のときにモーリスを出産した。サラ自身がキャバレーの踊り子とパリ大学法学部の学生の間にできた私生児であったが、この子もそうであった。父親はリーニュというベルギーの名門貴族であった。かれはモーリスの認知を拒んだ（後年、リーニュは青年となったモーリスに認知と財産分与を申し入れたが、モーリスはことわっている）。

その二年前、サラ・ベルナールはコメディー・フランセーズに採用された。叔母の愛人であったナポ

リュクサンブール公園の北側に隣接するオデオン座

レオン三世の異父弟、モルニー公爵の引きだった。血筋というべきか、タレーランの孫はなかなかの発展家であったようだ。パリ一区リシュリュー通り二番地にあるコメディー・フランセーズは、パリの国立第一劇場ともいうべき存在であった。

縁故と見られると途端に周囲の目が厳しくなるのが世の習いである。そのうえ幹部女優とトラブルになって、サラ・ベルナールは退団を余儀なくされた。サラが身を寄せたのはジムナーズ座だった。一八六三年、ナポレオン三世は外国からの賓客を招いた宴席にジムナーズ座の女優を呼んだ。その席で政界事情など知らなかったサラは、うかつにもユゴーの詩を朗読してナポレオン三世の怒りを買った。そのとき、助け船を出したのがリーニュであった。

サラ・ベルナールは息子を託児所へあずけて舞台に集中し、二年後にはオデオン座でもデビューを果たした。リュクサンブール公園に面するオデオン座はいわばパリの国立第二劇場で、共和派の文化人や学生のたまり場にもなっていた。パリ・コミューンの騒乱にオデオン座も巻き込まれ、サラはパリ郊外のサン・ジェルマン・アン・レーに疎開した。

修復を終えたオデオン座は一八七二年、ユゴーの作品『リュイ・ブラス』を上演することになり、文豪とサラ・ベルナールの交遊が始まった。この成功でサラはコメディー・フランセーズに復帰し、押しも押されもせぬスターになった。この間、七〇歳のユゴーと二八歳のサラは恋仲であった。

さて、ふたたびドレフェス事件である。ドレフェスが島流しになって四年以上が過ぎた。人事異動で参謀本部の情報部長となったピカール中佐は事件を再検証し、筆跡が酷似するエステラジーというハンガリー系貴族出身の少佐を真犯人と疑った。だが、ピカールの報告はまたしてもアンリ少佐の提出した証拠（のちに偽造とわかる）によって一蹴され、ピカールは左遷された。

一八九七年一二月、サラはドレフェス派の劇作家の作品をサン・マルタン門近くのルネサンス座で演じた。年があけて真犯人と疑われていたエステラジーが釈放されたとき、異議ありと立ちあがったのが名作『居酒屋』の作者、ゾラ（一八四〇～一九〇二年）であった。

一八九八年一月一三日、ゾラは「わたしは糾弾する！」というフォール大統領（一八四一～九九年）宛ての公開抗議文を急進派系のオーロール紙に発表し、敢然とドレフェスを支持した。この新聞の主筆はクレマンソーだった。パリの文化人の多くがゾラに賛同し、共和派と反共和派の政治抗争が再燃した。この日、反ドレフェス派の群衆がブリュッセル街のゾラの自宅に押しかけ、大声でゾラをののしった。

そのとき、群衆をあっけにとらせたハプニングが起きた。二階の窓があいて、サラ・ベルナ

サン・マルタン門の
近くにあるルネサンス劇場

サラ・ベルナールの墓
（ペール・ラシェーズ墓地）

ゾラの墓
（モンマルトル墓地）

ールが姿を見せたのだ。予想もしなかった大女優の出現に意表をつかれた群衆は気勢をそがれ、やがて立ち去った。サラはかねてより旧知のゾラにドレフェスの冤罪を訴えていた。新聞に寄稿して応えてくれたゾラに感謝するため、さっそく自宅をおとずれていたのだ。サラは反ドレフェス派の怨みを買い、ルネサンス座も妨害を受けた。

一八九八年七月、ピカールが逮捕され、名誉棄損で有罪となったゾラもロンドンに亡命した。ところが、陸相が事件の再調査を命じ、アンリ少佐の不正行為がわかった。八月、アンリが文書の偽造を告白したあと、拘置所で自殺した。

一八九九年二月一六日、再審に否定的だったフォールが脳溢血のためエリゼ宮で急死した。七月、ピカールから真犯人と疑われていたエステラジーは、「自分が明細書をつくった」とついに白状した。エステラジーは軍を追われ、ようやくドレフェスの再審が認められた。

一九〇二年九月二九日、ゾラはパリの自宅で一酸化炭素中毒によって死亡した。反ドレフェス派が煙突を塞いだのではないかとうわさされた。

ドレフェス事件は共和主義者とカトリック教徒の間に深い溝をつくっただけではなく、軍の弱体化を招いた。再審を勝ち取った擁護派は急進社会党誕生の萌芽となって、その後も影響を保った。紆余曲折を経てドレフェスが軍に復帰できたのは、事件から一二年後の一九〇六年七月一二日だった。

ペール・ラシェーズ墓地でサラ・ベルナールの墓を探すのはけっこうシンドイ。だが、運よく地元の人と出会えれば、たいがい難なく案内してくれる。パリっ子にとってサラはいまも別格なのだ。その点、モンマルトル墓地のゾラの墓は作家の胸像があって旅行者にもわかりやすい。ただし、ゾラの遺骨がここに埋葬されていたのは六年だけで、名誉を回復したあとは国家の偉人が眠るパンテオンへ移された。

マタ・ハリとヴァンセンヌの森とブーローニュの森

マタ・ハリ（一八七六～一九一七年）といえば、女スパイの代名詞ともなっている。美貌のうえ、映像化しやすい人生だった。筆者にはヴァンセンヌの森とブーローニュの森にあらわれたときの彼女の姿がイメージとして印象に残る。

一九一四年六月二八日、オーストリアの皇太子夫妻がサラエボでセルビア人青年によって暗殺された。この事件をきっかけにフランス、イギリス、アメリカ、ロシアなどの連合国側とドイツ、オーストリア、トルコなど同盟国側が対立し、第一次世界大戦へと発展した。ヴェルダンの激戦で勝利を得たペタン（一八五六～一九五一年）は英雄となり、フランスは勝利を手にしたが、代償も大きく八〇〇万人を動員し一四五万人の犠牲者を出した。

一九一七年一〇月一五日、ドイツ軍のスパイ、マタ・ハリがヴァンセンヌ宮の先の騎兵隊演習場に引き立てられた。一二人の兵士によって銃殺に処せられる直前、兵士が目隠し用の赤い布を持って近づいたが、彼女はことわった。落ち着いたマタ・ハリの態度に指揮官のほうが動揺を隠せなかったといわれる。処刑地としてヴァンセンヌが選ばれたのは、フランス陸軍の管轄であったからだ。

　オランダ北部の裕福な家で生まれたマタ・ハリの本名はマルガレータという。彼女は結婚したオランダ人大尉の赴任先のジャワやスマトラで見た神秘的な踊りに魅了された。夫との間が冷えた彼女は乗馬に熱中していたが、アムステルダムに帰国したあと別れた。娘を連れていかれ、傷心のマルガレータは「男に捨てられた女はパリへ行く」ということばを耳にして決心した。彼女は迷わずパリ行きの列車に乗り、北駅でおりた。身長一七八センチで容姿に自信のあった彼女はモデルとして働こうとアトリエをまわったが、世間は甘くなく肩を落としてアムステルダムへ戻った。

　一九〇四年、ふたたびパリへやってきたマルガレータは見栄を張ってオペラ座そばのホテル・グランに泊まった。三流のホテルへ泊まれば、三流の人間にしかならないというのが、彼女なりの人生哲学だった。

　乗馬学校と曲馬団を経営する実業家のパーティーに招かれたマルガレータは余興を所望され、かつて魅せられたジャワの舞踊を妖しい雰囲気を醸しながら自己流で舞った。これを契機にプロのダンサーになった彼女のセミヌードの官能的な踊りは瞬く間に広まって、上流階級の夜会に引っ張りだことなった。

　東洋美術のコレクターで知られる大富豪のエミール・ギメ（一八三六～一九一八年）は友人から「オリエンタルそのものの妖艶な踊り子がいる。キミの美術館で踊らせたらどうか」と提案された。東洋美術に魅せられたギメははるばる日本にも足を延ばし、仏像や能面、漆工芸など

ヴァンセンヌの森

ブーローニュの森

フランス外務省
はブルボン宮の
そばにある

の美術品を購入していた。かれの設立した東洋美術館はイエナ広場の一角にあった。現在、シャイヨー宮の近くにあるギメ美術館の前身である。友人の企画に乗ったギメは、彼女のためにマタ・ハリというオリエンタルふうの芸名を考えた。

マタ・ハリを撮った写真がある。シルクハットをかぶり、乗馬服に身をつつんだ彼女は愛馬に横乗りしている。場所はブーローニュの森だ。妖艶な踊りで名声を得たマタ・ハリが夜の女王であるのはその通りだが、じつは朝になるとまったくべつの顔をパリ市民に見せていた。天気がよければ毎朝、乗馬を欠かさなかったマタ・ハリは、ブーローニュの森の輝ける朝のスターといってよいほど、近隣の人々の注目を浴びていた。朝日を浴びて颯爽と駆けめぐる彼女の引き締まった肢体に、シックな乗馬服は見事なまでに似合っていたという。

パリを中心にヨーロッパ各地で浮き名を流しながら、マタ・ハリは花形ダンサーとしてもてはやされた。その彼女の運命を変えたのは第一次世界大戦の勃発であった。そのときマタ・ハリはベルリンにいた。マタ・ハリがドイツ軍のスパイとして働いたのは、人生終盤のわずか二年間に過ぎない。色仕掛けでフランス軍将校らへ近づいたのはまちがいないにしても、諜報部員としての貢献度が高かったとは思えない。

一九一七年二月一三日、シャンゼリゼ大通りのエリゼ・パレスホテルに宿泊していたマタ・ハリは、五人の部下を引き連れた警察署長によって連行された。彼女はサン・ドニ通りにあった女性専用のサン・ラザール刑務所の独房へ入れられ、四か月にわたって取り調べを受けた。もともとは修道院だった建物は大革命以後、刑務所として使われ、娼婦らが一〇〇〇人ほど収容されていた。食事時は、牢獄というより酒場のような雰囲気であったらしい。

決定的な証拠はなく、マタ・ハリは無罪を信じていた。七月二五日、コンシェルジュリーで軍事法廷がひらかれ、「ドイツ軍諜報部員H21号」として死刑を宣告された。彼女は再審を求めたが、却下され、一〇月一〇日午前六時一五分、一二発の銃声が鳴り響き、四一歳の生涯が閉じられた。血まみれになった彼女の遺体はパリ大学医学部に送られ、医学生のための解剖の教材となった。

一九一八年一一月九日、ドイツ皇帝ヴィルヘルム二世が退位した。痛めつけられたパリ市民は歓声をあげた。この日、詩人のアポリネールが息を引き取った。一一日朝、パリ北郊のコンピエーニュの森で休戦協定が結ばれた。調印式はフォッシュ元帥が乗っていた列車の車両のなかでおこなわれた。多数のフランス人が犠牲になった第一次大戦は午前一一時をもって終わった。この地に「驕り高ぶったドイツ帝国は自由な国民に敗れた」と刻んだ記念碑が立てられたが、二二年後、歴史は逆転した姿で繰り返される。

一九一九年一月、パリのオルセー河岸に面したフランス外務省でパリ講和会議がひらかれた。会議で重きをなしたのはフランスのほかアメリカ、イギリス、イタリア、そして日本の戦勝五大国だった。日本は原敬内閣のときで、首席全権に前首相の西園寺公望、次席全権に外相をつとめた牧野伸顕《のぶあき》（一八六一～一九四九年）が派遣された。牧野の娘ムコで外交官の吉田茂（一八七八～一九六七年）が随員として同行した。調印式は六月二八日、ヴェルサイユ宮でおこなわれた。ドイツに多額の賠償金が課せられ、これがヒトラーの台頭をうながすことになった。

第9章
ヒトラー支配下のパリ

一九二〇年代にパリはベル・エポック、すなわち良き時代を迎える。狂騒の時代といってよいほどに、パリは浮かれる人々でざわめいた。支えたのはアメリカの好景気である。多数の外国人が一旗揚げようとパリを目指した。アーティストもいれば、革命家もいた。だが、ニューヨーク証券取引所の株価大暴落でパリのうたげはあっけなく終わった。つぎにきたのは左派勢力の台頭であった。そして、フランス政界の左旋回がヒトラーの台頭へとつながった。フランスの高校歴史教科書では、一九四〇年から一九四四年までの四年間は暗黒時代とされている。なかでもパリが一番闇に沈んでいた。

ヒトラー支配下のパリを題材にした書籍には、例外なく心にふれる個所がいくつかあった。そのヒトラーがパリにあらわれて、オペラ座などを見てまわっていたのも本で知った。

尊大なドゴールを許容したチャーチルの直感

グラン・パレのシャンゼリゼ大通り寄りに、大股で歩くドゴール像が高い台座にそそり立っている。グラン・パレの真向かい、プティ・パレのセーヌ川寄りのチャーチル像もやはり歩く姿だ。ただ、故意か偶然か、英仏の微妙な関係を暗示するように、二人の見つめる先はまったく逆の方角である。

一九三三年一月三〇日、ヒトラーがドイツ首相となった。ドイツ第三帝国建設という野望のもとにとんでもない独裁者の一二年間が始まった。その二年後、フランスでは共産党と社会党、それに急進社会党の左派政党が反ファシズムの人民戦線を結成した。

一九三六年一月一二日、人民戦線綱領ができあがり、フランス銀行や兵器産業の国有化がうたわれると、ヒトラーは「パリはコミンテルンの派出所になろうとしている」と言い放ち、三月、ライン左岸に侵攻した。ヒトラーはチェコスロバキアに「ズデーテン地方を割譲せよ」と難題を突きつけ、ヨーロッパは一気に緊張が高まった。スウィング・ジャズに酔いしれていたパリ市民も迫りくる戦争の影におびえ、街は活気を失っていった。

一九三九年九月一日早朝、ドイツ軍はポーランドに機械化部隊の電撃作戦で侵攻した。フランスの高校歴史教科書はこの日を第二次世界大戦の始まりとしている。三日、フランスは二週間足らず前に交わした同盟国ポーランドとの約束を守って、渋々イギリスとともにドイツに宣戦布告した。フランス軍に戦意はなく、申しわけていどにドイツの小さな村を二〇か所ほど占領しただけだった。

じつに不思議な戦争であった。ドイツ軍は東部戦線に戦力を投入していたのだから、西部戦線はがら空きだった。にもかかわらず、フランス軍は攻め入る気配を見せなかった。戦闘準備がまったく整っておらず、ドイツ軍に対抗できる機械化部隊もなかったからだ。危機意識に燃えていた軍高官はわずかで、その一人、ドゴール大佐（一八九〇〜一九七〇年）はすぐに財務省をおとずれ、レノー財務相（一八七八〜一九六六年）に直談判して戦力強化を訴えた。

現在、財務省は東部のベルシー河岸にある。しかしドゴールが駆けつけたのはリヴォリ通りに面したルーヴル宮だった。財務の総本山はルーヴル宮の一角に陣取っていたのである。

一九四〇年五月一〇日、西部戦線でドイツ軍の総攻撃が始まった。一四日、絶対に破られることはあるまいとフランス国民が信じて疑わなかったマジノ線をドイツ軍はいともたやすく突破した。六月三日、二〇〇機のドイツ爆撃機がパリ近郊を襲い、シトロエン工場が爆撃された。五日、准将に昇進したばかりのドゴールが国防次官に任命された。九日、ドゴールはロンドンに飛び、初めてチャーチル首相（一八七四〜一九六五年）と会談したあと、とんぼ返りでパリに戻った。首相となっていたレノーはパリを離れ、トゥールに政府を移した。ドゴールも国防次官室を出て、都落ちに加わった。五〇〇万人ほどのパリ市民のうち、すでに半分以上が市外へ逃れていた。

六月一二日、アルマ広場に見捨てられたウシの群れがいた。一四日、パリに入ったドイツ軍

チャーチル像
（プチ・パレそば）

ドゴール像
（グラン・パレそば）

をセーヌ県知事とパリ警視総監が出迎えた。あっという間に至るところでナチスの鉤《かぎ》十字、ハーケンクロイツ旗がはためいた。グラン・パレなどが兵舎になり、ドイツ軍はすぐに地下の探索を開始した。反抗市民が文字通り地下に潜ったからだ。レノー政府はトゥールも危険になってボルドーへ移った。

六月一六日、閣議は一三対二〇で休戦を決め、八四歳になっていたペタンが徹底抗戦派のレノーに代わって首相となった。

六月一七日朝、最も強固な徹底抗戦派のドゴールはイギリス軍機でボルドーを発ち、ロンドンへ逃れた。夜、ペタンはラジオで戦闘停止を表明し、ヒトラーの軍門にくだった。ドゴールの逃げ足の早さは、かれの最大の特技であった。第一世界大戦の際、ドゴールは捕虜になったが、五回も脱走している。いずれも連れ戻されたとはいえ、窓の格子をのこぎりで切って脱走するなど、かれはギャング顔負けの大胆さを持ち合わせていた。

六月一八日、チャーチルは、亡命者にして逃亡者のドゴールが、ＢＢＣ放送でフランス国民に呼びかけるのを許可した。チャーチルの凄いところは、ほとんど無名に近い尊大ながら胆力のあるドゴールを認め、もしかしたらフランスの救世主になるかもしれないと直感的に判断したことだ。夕刻、ドゴールはロンドンのＢＢＣスタジオから戦争の継続を呼びかけた。歴史的な第一声もフランス人の耳にはほとんど届かなかったが、ドゴールの不屈の精神はやがて局面を打開していく。

六月二二日、パリ北郊コンピエーニュの森で休戦協定が結ばれた。二二年前の第一次世界大戦の屈辱を晴らすために同じ地を選んだヒトラーは、憎悪と喜びの入り混じった目つきでフランスの戦勝記念碑を睨んだ。この日をもってフランスの第三共和政にピリオドが打たれた。

ヒトラー、休戦直後のパリへ入る

一九四〇年七月一〇日、上下両院合同会議が招集され、議員総数九三二人のうち六六六人がパリから列車で四時間半の温泉保養地ヴィシーの町に集まった。このうち六四九人が投票し、老元帥ペタンへ全権をゆだねることに五六九人が賛成した。かくして強力な対独協力政権（ヴィシー政府）が誕生した。で、話はヒトラーに戻るが、興味深いエピソードがある。

六月二三日夕刻、このときドイツ総統司令部はベルギー南部のブリュリ村に置かれていたが、司令部へ戻ったヒトラーは呼び寄せていたドイツ人建築家シュペーア（一九〇五～八一年）やギースラー（一八九八～一九八七年）、彫刻家ブレーカー（一九〇〇～九一年）と食事をした。そこでヒトラーは明朝三時にパリへ出発すると初めてかれらに伝えた。ブレーカーの手記『パリとヒトラーと私』を参照しながら一行を追ってみよう。

六月二三日午前三時、時間通りにヒトラーらを乗せた車は発車し、三〇分ほど走って停まった。広大な荒れ地にベージュ色の総統機（四発機）が待機していた。降り立ったパリ北郊のル・ブルジェ空港からヒトラーは屋根のない車の助手席に座り、三人の芸術家は後部座席に乗り込んだ。

パリ北東部ヴィレット門からフランドル通りに入って一行がノンストップで最初に向かったのはオペラ座であった。オペラ座の細部まで勉強していたヒトラーはまず建物の周りを見て歩き、正面を飾るカルポー（一八二七〜七五年）の群像彫刻「ダンス」に感嘆の声を漏らした。ヒトラーが以前からこの一九世紀フランスの彫刻家に関心を寄せていたのはあきらかだ。

カルポー作「ダンス」
（オペラ座正面）

オペラ座の入り口で緊張した面持ちのフランス人の守衛がヒトラーを迎えた。壮麗な階段をあがってホールへ入ったヒトラーは「世界で一番美しい劇場だ」と興奮して叫んだ。舞台裏の機械装置、ダンサーの楽屋、フランス大統領のボックス席へ行く道筋、大統領がひらくレセプションの場所などにかれは関心を寄せた。オペラ座を去るとき、ヒトラーは守衛にチップを渡すよう命じたが、固い表情の守衛は受け取りを拒んだ。

マドレーヌ教会でブレーカーらはヒトラーの講釈をひとしきり聞かされた。教会を出たヒトラーは正面の大きな階段の上で目を輝かせた。ブルボン宮に向かって広がる壮大な風景に感嘆したのだ。

そのあとブルボン宮を背にしてコンコルド広場に立ったヒトラーは右手の海軍省、左手のホテル・クリヨンの配置に興味を持った。また、かれはマルリーやクストーの石像の馬にも関心を示した。

シャンゼリゼ大通りを通ってエトワール凱旋門へ向かうとき、ヒトラーはゆっくりと車を走らせるようにと命じた。座席から立ち上がってあたりを眺めるかれの気分は高揚していたはずだ。おそらく独裁者の脳裏にはシャンゼリゼと二重うつしのようにベルリンの南北中軸線が浮かんでいたと思われる。ベルリンがすべてにおいてパリを超えるのが、ヒトラーの夢であった。そのために建築家と彫刻家を同行させたのであり、すでに壮大なプロジェクトは進行していた。南北中軸線の巨大アーチの設計はシュペーアが担当し、エトワール凱旋門の二倍の大きさであった。その装飾彫刻はブレーカーにゆだねられていた。

マドレーヌ教会大階段よりブルボン宮を望む（右後方はアンヴァリッド）

エッフェル塔をシャイヨー宮の広場から眺めるのはパリ観光の定番であるが、このとき撮ったヒトラーの写真はよく知られている。そのあと、エッフェル塔でも記念写真におさまった。つぎのアンヴァリッドでは時間をたっぷり取った。ナポレオンの墓を見下ろす白大理石の手すりの前でかれは制帽を取って胸にあて、深々と頭を下げた。

地下へおりたヒトラーはふたたび棺に頭を下げた。ブレーカーらにウィーンに葬られたナポレオンの遺児、ライヒシュタット公爵（ナポレオン二世）の話をひとくさり喋りまくったあと、副官にその遺骨をアンヴァリッドへ移すよう指示した（翌年一二月一六日深夜、たいまつのあかりが点々とするなかナポレオン二世の遺骨がアンヴァリッドに到着した。ヒトラーはこの遺骨返還でフランス人との和解を試みたのだが、効果はほとんどなかった）。

パリ天文台近くのオプセルヴァトワールの噴水

つぎに車列はリュクサンブール公園を見ながらパンテオンに向かった。ヒトラーはパンテオンにほとんど興味を示さず、一行はモンパルナスを経てリュクサンブール公園の南端にあるオプセルヴァトワールの噴水へ向かった。この噴水彫刻「天球を支える世界の四つの部分」もカルポーの作品だった。

サン・ミッシェル大通りの交差点で一行は初めて複数のフランス人警官の姿を見た。かれらは先頭の車に乗るヒトラーに敬礼し、ヒトラーもまたゆっくりと返礼した。ブレーカーによれば、警官たちはヒトラーに気づいていなかったという。あるいは、素知らぬフリをしたのかもしれない。

そのあと車列はコンシェルジュリー、パリ市庁舎、カルナヴァレ博物館、ヴォージュ広場、レ・アール（中央市場）をまわった。そのとき、中央市場近くの横道から新聞売りがあらわれ、ヒトラーとわかって逃げ出した。通りの角にいた数人の女たちもあわてて姿をくらました。レ・アールの新聞売りと「柄の悪い女たち」（ブレーカーの表現）だけはヒトラーに気づき、それを態度にあらわしたのである。

一行はルーヴル美術館、リヴォリ通り、そしてヴァンドーム広場をおとずれた。静まり返った広場でヒトラーはうんちくを披露したあと、車をモンマルトルの丘へ向けさせた。サクレ・クール聖堂を見あげたあと、ヒトラーはくるりと向きを変えて満足気に眼下のパリを見おろした。午前八時一五分、車列はモンマルトルの丘をくだり、ブルジェ空港へと猛スピードで走った。すでにエンジンのかかっていた総統機に乗り込むとヒトラーは「すこしパリの上空を旋回してほし

サクレ・クール聖堂前広場からパリ市内を見る

い」と操縦士に頼んだ。

パリ市民はヒトラーの顔をよく知っていた。にもかかわらず、建物の前や広場で記念写真を撮り、無防備なオープンカーに乗って大通りでも平然と身をさらした。早朝からの意表をつく大胆な行動には驚かざるを得ないが、それにしても血の気の多いはずのパリ市民もずいぶん見くびられたものである。

ドイツ占領軍が陣取ったパリの一流ホテル

パリを支配下においたドイツ占領軍は、ほぼ意のままに建物を接収できた。では、かれらの司令部や高級将校の宿泊先はどこだったのか。フランス駐留ドイツ軍政総司令部がおかれていたのは、エトワール凱旋門近くにあるホテル・マジェスティックだった。現在、このホテルはザ・ペニンシュラ・パリと名前が変わっている。

ホテル・マジェスティックの隣りにホテル・ラファエルという瀟洒な建物があり、ドイツ軍将校のたまり場になっていた。のちにこのホテルの一室で総司令官シュテュルプナーゲルらはヒトラー暗殺計画の謀議を重ねることになるが、現在も同じ名前で営業している。

エトワール凱旋門近くのザ・ペニンシュラ・パリ(旧ホテル・マジェスティック)

ドイツ軍将校のたまり場
だったホテル・ラファエル
（道路を隔てた右側が旧
ホテル・マジェスティック）

リヴォリ通りの
ホテル・ムーリス

ゲシュタポの本拠となった
ホテル・リュテシア

ヴァンドーム広場のホテル・リッツ

ナチス・ドイツのパリ支配の司令塔はチュイルリー公園の前、リヴォリ通りに面したホテル・ムーリスに置かれていた。パリ駐留ドイツ軍司令部である。ヒトラーの命令を実行するドイツ人司令官が、実質的にパリの生殺与奪の権を握っていたのである。

また、奇跡のメダイ教会からそう遠くないところにあるホテル・リュテシアにはゲシュタポ（秘密国家警察）のパリ前線本部があった。パリ市民にそれがあかされることはなかったが、いたるところに情報網が張りめぐらせられて、ホテル・リュテシアの本部はユダヤ人やレジスタンスの監視や検挙の裏の司令塔となっていた。

ホテル・マジェスティックなどドイツ占領軍の重要拠点に一般客が宿泊するのは許されなかったが、パリには例外的なホテルが一つだけあった。ヴァンドーム広場のホテル・リッツである。ナチス・ドイツの高級将校が宿泊したこのホテルは、占領下も一般客を受け入れていた。ただし、ホテルの部屋はヴァンドーム広場側とその反対側にわけられ、一般客はすべて広場の反対側の部屋を割り当てられた。とはいえ、食堂は一緒だった。ホテル・リッツを住まいとしたココ・シャネル（一八八三〜一九七一年）は気兼ねなくドイツ人高級将校と一緒に食事ができたのである。

ジュ・ド・ポーム美術館とオランジュリー美術館の一コマ

チュイルリー公園のコンコルド広場側に小さな美術館が二つ並んでいる。映像芸術の展示に

ジュ・ド・ポーム美術館
（チュイルリー公園）

チュイルリー公園の
マイヨールの彫刻

オランジュリー美術館
「睡蓮の間」
（チュイルリー公園）

力を入れるジュ・ド・ポーム美術館とモネの「睡蓮の間」で知られるオランジュリー美術館だ。後者には楕円形の大広間二つに八点の睡蓮が並ぶ。両美術館を舞台にしたナチス・ドイツ占領下の余聞を紹介したい。

一九四〇年六月二七日、ヒトラーがパリを去って四日後だが、こんどはゲーリング（一八九三〜一九四六年）がパリにやってきた。ナチス・ドイツのナンバー・ツーは芸術の都にたちまち魅了されてしまった。

一一月五日、ゲーリングはまたパリにあらわれた。このとき、かれが真っ先に向かったのはジュ・ド・ポーム美術館だった。ここには裕福なユダヤ人の邸宅などから没収した多数の美術品が集められ、専門家がその価値を一点一点鑑定していた。この月、一〇回も足を運んだゲーリングは気に入った作品に自分の頭文字「G」の印をつけた。G印の略奪品はまとめてベルリンへ送られた。

それから二年近く経った一九四二年五月一日、オランジュリー美術館でヒトラーのパリ入りに同行したドイツ人彫刻家ブレーカーの作品展が始まった。期間は二か月だった。オープン前日の特別招待日にはドイツ占領軍のお歴々が居並ぶセレモニーにパリの著名士が多数顔を見せた。作家コクトー（一八八九〜一九六三年）や画家ブラマンク（一八七六〜一九五八年）らに混じって八〇歳の彫刻家マイヨールの姿があった。かつてマイヨールの弟子だったブレーカー自身が強く希望したものだが、師匠のほうはこの弟子をそれほど評価していなかった。

マイヨールはパリを遠く離れ、地中海に面したコリウールというヴィシー政府管轄下の町に住んでいた。ヴラマンクら旧知の人たちに会えるので渋々承知したが、ドイツ軍の行事に顔を見せるのはそれなりの覚悟も必要だった。実際、二年後の一九四四年九月二七日、マイヨールが交通事故で死んだときは、ブレーカー展への出席を恨んだレジスタンスの手で殺されたにちがいないと、うわさがぱっと広まった。

暗黒のパリの地下組織

一九四一年一月、自由フランス軍はようやくロンドンにちゃちではあるがひとまず司令部を構えることができた。ドゴールのラジオによる呼びかけがじわじわと効果を発揮してきた。世界各地で自由フランス委員会が設立され、ドゴール支援の輪が広がった。軍事資金が集まるにつれて、志願兵もふえた。シンボルマークも「ロレーヌの十字架」（十字架の横線が二本）に決まった。

六月二二日、独ソ戦が始まった。ヒトラーの目はソビエトへ向けられ、イギリス対策への時間は減った。独ソ戦はフランスのレジスタンスを勢いづかせた。九月、ドゴールはフランス国民委員会を結成した。これをソビエトが承認し、ドゴールの存在感が一気に高まった。一二月、ドゴールは海外の自由フランスとフランス国内でそれぞれ勝手に動いていたレジスタンスを一つに結合しようとした。かくして誕生したのが全国抵抗評議会（ＣＮＲ）であった。反ドイツ勢力の結集こそ、ドゴールの最大の功績であった。ただ、レジスタンスの勢力拡大は、ドイツ占領軍の弾圧をいっそう激化させた。

八月一三日、サン・ドニ門やサン・マルタン門の近くでデモ隊の一団が「ドイツ人はくたばれ」と叫んだ。この月、ゲシュタポはパリ一一区のユダヤ人街で大規模な手入れをおこなった。年内までに八〇〇人近いユダヤ人が収容所へ連行され、ドイツ兵が共産党員らによって殺害されるたびに収容されたユダヤ人の何人かが犠牲になった。ドイツ軍士官候補生がメトロのプラットフォームで射殺されたとき、ドイツ占領軍は報復として五人の共産党員を含むレジスタンス派一八人を銃殺した。

秋、ヴィシー政府のペタンはフランスの工業や農業のため含有金属の有効活用という名目で、広場の銅像などの撤収を公布した。実際は背後で操るドイツのための銅資源獲得で、すでにペタン自身の銅像もあったが、それも例外とはしなかった。パリを管轄するセーヌ県知事は、「ジャンヌ・ダルク、アンリ四世、ルイ一四世の銅像以外はすべて対象とする」と命じられた。パリ当局が渋って作業はのろのろとすすみ、ドイツ軍を苛立たせた。

ヴィシー政府とナチス・ドイツはイギリスと戦ったジャンヌ・ダルクを徹底的に利用した。七月一四日の国の祭日は廃止され、ジャンヌ・ダルクの祭日（五月の第二日曜）と代えられた。

一二月七日、ヒトラーは布告「夜と霧」に署名した。ひとことでいえば、ナチスにとって危険な人物の排除命令である。一切が秘密裏におこなわれた。夜霧のごとくだれの目にふれることもなく、反ナチスの人々は消えていった。暗黒のパリでは夕方六時から外出が禁止となった。

連合国軍総司令官アイゼンハワー（一八九〇〜一九六九年）はパリを迂回して進撃し、ドイツ占領軍の退路を断つ戦術を考えていた。市街戦による犠牲の大きさや退却するドイツ軍による破壊、解放後のパリ市民への糧食の確保と輸送などにトラックやガソリンを割く必要から生じる終戦の遅れ、などを心配したのである。ヒトラーは「パリを失うものは、つねにフランス全土を失う」と考え、「パリを敵の手中に渡すときには、パリは廃墟となっていなければならない」と命じていた。

ドゴールもパリ解放を最優先に考えていた。首都パリが持つ象徴性を知悉していたドゴールは、パリを支配するものがフランスを支配すると信じて疑わなかった。

カフェ・ド・フロール
（右手にカフェ・ドゥ・マゴがある）

サルトルとボーヴォワールの墓
（モンパルナス墓地）

一九四三年二月、ドゴールは自由フランス幹部のムーラン（一八九九〜一九四三年）をパリへ潜入させた。五月二七日、ムーランはバラバラだったレジスタンス運動の統一を図る秘密集会を主導した。のちに抵抗運動全国評議会（全国評議会）へ発展するきっかけとなる会合であった。だが、かれ自身は一か月後に逮捕され、処刑された。

フランス全土で五万人近くいたレジスタンスのほとんどは、パリ周辺に潜伏していた。かれらの司令部の一つはダンフェール・ロシュロー広場の中央にあるライオン像の地下にあった。近くに六〇〇万体が納骨されているというカタコンブの入り口がある。古代には採石場であった。延々とつづく迷路のような地下墓地がレジスタンスの格好のアジトとなった。

閉塞状態のパリのなかで、カフェにはまだ自由の雰囲気が残っていた。哲学者サルトル（一九〇五〜八〇年）とパートナーの女流作家ボーヴォワール（一九〇八〜八六年）は、サン・ジェルマン・デ・プレ教会の向かいのカフェ・ドゥ・マゴと、その隣のカフェ・ド・フロールを書斎替わりにしていた。フロールの二人の席は入って右側の一番奥と決まっていた。

右側といえば、モンパルナス墓地のサルトルとボーヴォワールの墓地も入って右側のすぐのところにあってわかりやすい。もっとも、若い頃に実存主義というなにやら深遠な感じのすることばにひかれてサルトルの『存在と無』を読んだが、こちらのほうはわかりにくく途中で放り出してしまった。それはともかく、たぶん後世のパリっ子はサルトルよりボーヴォワールを身近に感じるであろう。二〇〇六年に完成した右岸のベルシー河岸と左岸の国立図書館を結ぶ歩行者と自転車のための美しい橋は、ボーヴォワール橋と命名されたのである。

降伏署名の場はモンパルナス駅

サルトルからいきなりドイツ占領軍の司令官が降伏文書に署名した場所の話になるが、意外というか、それはなんとモンパルナス駅である。そういえば、何年か前までモンパルナス駅の上のほうに自由フランス軍のルクレール将軍（一九〇二〜四七年）の記念館があった。まだ不勉強の頃は、この場所に歴戦の雄の記念館が置かれている意味をまったく理解していなかった。

なお、ルクレールは降服文書に縁が深いようで、一九四五年九月二日、東京湾のミズーリ艦

モンパルナス駅でパリ駐留ドイツ軍司令官コルティッツは降服文書に署名した

以前はモンパルナス駅上階にルクレール記念館があった

上でおこなわれた降服文書の調印式にもフランス代表として出席している。かれはその直前に太平洋地域司令官に任命されていた。

で、ドイツ占領軍の降伏に至る経緯だが——。

一九四四年六月六日、アイゼンハワー総司令官率いる連合国軍はフランス北西部ノルマンディーに決死の上陸を敢行した。戦局を一挙に変えた史上最大の作戦だった。だが、ドゴールと自由フランス軍は蚊帳の外へおかれた。ルーズヴェルト大統領（一八八二〜一九四五年）のドゴール嫌いが影響し、ドゴールがフランス上陸を許されたのは八日後だった。八月一日、ルクレール将軍の第二装甲師団がイギリスからノルマンディーに上陸した。

七月二〇日、ホテル・ラファエルにいたヒトラーに反感を抱く駐留フランス軍政総司令官シュテュルプナーゲルのもとへベルリンから「総統は爆死した」と緊急連絡が入った。東プロイセンの前線司令部会議室にシュタウフェンベルク大佐が仕掛けた時限爆弾が爆発し、ヒトラー暗殺計画は成功したというのだ。計画に加担していた軍政司令官は歓声をあげ、ただちにパリ駐留の主なナチス将校を拘束した。ところが、暗殺は失敗し、ヒトラーは生きていた。立場は逆転し、シュテュルプナーゲルは絞首刑に処せられた。それから七五年後の二〇一九年七月二〇日、ベルリンでこの暗殺未遂事件をしのぶ式典がひらかれたと聞く。

八月九日、ヒトラー暗殺未遂事件の余波で解任された駐留パリ地区ドイツ軍司令官の後任としてコルティッツ（一八九四〜一九六六年）が赴任した。大将に昇格したばかりのコルティッツはヒトラーに忠実な男として知られ、ウクライナのセバストポリを撤退したときは総統の命令通りに町の焼き討ちを断行したこともあった。だが、パリのドイツ占領軍はすでに命運が尽きていた。

八月一六日、駐フランス軍政総司令部が引き揚げた。ヴィシー政府の要人もドイツへ連れ去られた。一八日、ゲシュタポがパリから姿を消し、ヴィシー政府の実力者ラヴァルはドイツへ連行された。レジスタンス運動の中心勢力であるドゴール派と共産党の先陣争いが激化した。一九日朝、ドゴール派は警察官の一隊と呼応してパリ警視庁を押さえ、警視総監を拘束した。夜、ドイツ軍司令官コルティッツはスウェーデンの駐パリ総領事を通じて休戦を打診した。二一日、パリ警視庁に三色旗がはためいた。

八月二三日、ドゴールがパリ南郊のランブイエに到着した。パリまであと五〇キロの地点にはすでにルクレール率いる自由フランス軍第二機甲師団が集結していた。この時点で約五万五〇〇〇の将兵を擁していた自由フランス軍の中核部隊であった。ルクレールはドゴールのパリ突入命令を待っていた。

そのドゴールもまたアイゼンハワーの了解なしには、自分勝手にパリ進撃を命じるわけにはいかなかった。だが、ドゴールはなんとしてもアイクより一秒でも早くパリへ足を踏み入れたかった。ドゴールの本音はアメリカの実質支配をどう避けるかにあった。さいわいドイツ軍の遁走の結果、アイクはようやくドゴールの申し入れに同意した。ドゴールはただちにランブイエに向かい、ルクレールにゴーサインを出した。

八月二四日午後九時二二分、ルクレール機甲師団配下のドロンヌ大尉が三台の戦車とともにパリ市庁舎前に到着した。ラジオが機甲師団のパリ入城を報じた。街中に「ラ・マルセイエーズ」が流れた。ラジオが国歌を放送し、市民がラジオのボリュームをあげたからだ。ノートルダム大聖堂、サクレ・クール聖堂、サン・シュルピス教会の鐘が鳴り響いた。

ヒトラーは最後の手段としてパリの焦土化を司令官のコルティッツに命じていたが、すでに総統の命運の尽きているのをわかっていたかれは応ぜず、のちにパリを救った男と称賛された。極度に戦力の低下した残留ドイツ軍にパリ焼き討ちの荒業が可能だったかどうか疑問視する見方もあるが、コルティッツが捨て鉢になったら重要施設の爆破は避けられなかったであろう。

八月二五日午前八時三〇分、ルクレール機甲師団の本隊がパリ警視庁へ着いた。午後三時、モンパルナス駅に布陣したルクレールのもとへ白旗をかかげたコルティッツがおとずれ、降服文書に署名した。駐留パリ地区ドイツ軍司令部のあるホテル・ムーリスはすでにルクレールの部隊に包囲されていた。休戦成立であり、これをもってパリは名実ともに解放された。

ランブイエから列車でパリへ向かっていたドゴールは午後四時、モンパルナス駅に着いた。一三万トンのセメントを使って高さ二一〇メートルのモンパルナス・タワーが完成するのは二八年後のことで、当時の駅前は閑散としていた。その頃、パリ市庁舎ではいわゆるレジスタンス国内派の全国抵抗評議会とパリ解放委員会が会合をひらいていた。かれらは臨時政府を率いるドゴールの到着をいまやおそしと待っていた。だが、ドゴールの胸の内は共産党主導のレジスタンス国内派の排除であった。かれらは、ドゴールがこの場で第四共和政の樹立を宣言するのを期待した。とはいっても、ドゴールにすれば、かれらから新生フランス共和国政府首班のお墨つきをもらうのはまっぴらごめんであった。モンパルナス駅を出たドゴールはパリ市庁舎ではなく、サン・ドミニック通りの陸軍省へ足を運んだ。四年ぶりに入った陸軍次官室はなに一つ変わっていなかった。

臨時政府の幹部が陸軍省へ駆けつけ、「早くパリ市庁舎へ」とドゴールを急き立てたが、ドゴールはしばらく腰をあげなかった。すでにドゴールの心のなかの敵はナチス・ドイツからフランス共産党に代わっていた。パリ市民を扇動して人民政府を樹立しようとしているこの党の魂胆をドゴールは見抜いていた。ようやく陸軍省を出たドゴールは随行者に「警視庁へ」と命じた。

ドゴールはパリ市庁舎で待つ全国抵抗評議会のビドー議長（一八九九～一九八三年）に対して警視庁へくるよう要請した。だが、ビドーは応じなかった。午後七時一五分、ドゴールは重い腰をあげてパリ市庁舎に入った。ドゴールはビドーから、広場を埋めた大群衆に向かって新共和政宣言を発するよう求められた。ドゴールは、「第三共和政は存在をやめていない」と一蹴した。

八月二六日午後三時、ドゴールはコンコルド広場から凱旋門までフランス臨時政府代表として苦楽をともにした自由フランス軍の将軍らとシャンゼリゼ大通りをゆっくりと歩いた。祝賀の行進に全国抵抗評議会の幹部は招かれなかった。ドゴールとともに栄光の人となったルクレール将軍だが、二年三か月後にアルジェリアで飛行機が墜落して死んだ。

第10章

壮大なパリの再生と分断されるパリ

第二次世界大戦後、世界の大都市は目まぐるしく変貌し今日に至るが、パリ都市開発の最大の特徴は自治体の主導というより、ときの大統領の強力なイニシアティブによる点であった。国際コンペで選ばれた各国の一流建築家がパリ再生に輝きを与えたが、半面、二一世紀に入ってパリはテロという試練に直面した。そしてパリは過去の歴史を思い出させるような「黄色いベスト」運動の洗礼をうけることになる

パッシー墓地に眠るベトナム最後の皇帝

パリの墓地めぐりは面白い。ときには思いがけない墓に出会うからだ。パッシー墓地でベト

ナム最後の皇帝の墓標を見つけたときは、なぜか感動した。唐突にベトナム皇帝を出したが、やはりときの流れを説明しておくべきだろう。

一九四五年八月一五日、日本に終戦を告げる玉音放送が流れた。時を移さずホー・チ・ミン率いるベトナム民主共和国が誕生した。パリ解放の立役者ルクレールがインドシナ半島をカバーする太平洋地域司令官に任命され、サイゴンに入った。ルクレールの猛攻にホー・チ・ミンはベトナム北部へと逃れた。

一〇月二一日、フランスで国民議会（下院）の選挙がおこなわれた。パリジェンヌが投票権を得たのはこのときが初めてであった。五八六の全議席数のうち共産党が一六〇議席を獲得し、第一党に躍り出た。党員一〇〇万人といわれたフランス共産党のわが世の春であった。それに一四二議席の社会党、一五二議席の人民共和派（カトリックを中心とした政党）のいわばレジスタンス三党が支持して一一月二一日、ドゴール政権が誕生した。だが、二か月しか持たなかった。

一九四六年一月二〇日、軍服を着てあらわれたドゴール首相は突然、辞任を表明した。軍事予算をめぐる議会との不協和音、政党政治への不満がドゴールの決断の要因であった。三党政治はそのままで社会党のラマディルが首相となった。

一〇月一三日、新憲法草案が国民投票によって承認され、大統領は議会で選ばれることになった。第三共和政は幕を閉じ、第四共和政の始まりである。

一九四九年三月、フランスは、廃位となっていたベトナム最後の王朝、グエン朝の一三代皇帝バオ・ダイ（一九一三〜九七年、在位一九二六〜四五年）を担ぎだして独立ベトナム国をつくりあげた。

数年前、パッシー墓地をぶらぶら歩いていたとき、バオ・ダイのひと際目立つ墓に出会った。「なぜここに？」とまるで意表をつかれたように感じた。というのもパリへ来る前にベトナム・フエの王宮を見ていたからだが、考えるまでもなくバオ・ダイにとってパリは遊学の場であり、亡命の地であった。

一二歳のとき、バオ・ダイはパリで父帝の死に接し、帰国して即位したが、ふたたびパリへ戻って学業にはげんだ。そして母国へ戻ると、歴史の荒波が待ち受けていた。宗主国フランスの地殻変動はもろにベトナムを直撃し、やがてバオ・ダイは日本軍の後押しでにわかづくりのベトナム帝国の皇帝に就くことになる。それもわずか五か月間の命運だった。

バオ・ダイの墓
（パッシー墓地）

その後も有為転変を重ね、一九九七年七月三〇日、バオ・ダイは思い出多いパリで病死した。「ベトナム皇帝バオ・ダイ陛下」と刻まれた墓標を見つめながら、「この人もまた悲劇のラストエンペラーだったのか」という思いにかられた。

一九五八年六月一日、ドゴールが首相に返り咲いた。九月二八日、国民投票で八〇パーセント近い賛成を得て第五共和国憲法が可決され、第四共和政に幕がおろされた。議会の力は低下し、大統領に強大な権力が与えられた。一〇月六日、第五共和政がスタートした。翌年一月八日、ドゴールは第五共和政の初代大統領に就任した。

現在のソルボンヌ前の歩道

一九六八年の五月革命

某日、ソルボンヌ前の歩道にカメラを向けていると、イヌを連れた二〇代のパリジェンヌが怪訝そうな顔をしていた。彼女がまだ生まれていない四〇年前、カルチェ・ラタン一帯はほとんど敷石で、それは反体制派にとっては強力な武器となっていた。

一九六〇年代の後半、世界を吹き荒れたのはベトナム反戦運動であった。この動きは反政府運動と一体化し、やがて権力と反権力の流血をともなった激突が展開されていく。パリを揺るがした一九六八年の五月革命は郊外からの飛び火で始まった。

一九六八年三月二二日、パリのはずれ、パリ大学ナンテール校で文学部学生を中心に反政府行動があった。四日前の一八日、パリのマンハッタン銀行に爆弾が仕掛けられた事件でベトナム反戦委員会に属する学生が逮捕され、その抗議集会がひらかれたのである。かれらは一週間後にふたたび討論集会をおこなうことに決めたが、学部長は集会を認めず、その前後は休講にすると通告した。

三月二八日、ナンテール校のキャンパスに警官隊が入った。ときを同じくしてパリの学生街でデモが起こった。ナンテール校の支援ということもあったが、主眼は大学施設の拡充を求めることにあった。このとき、カルチェ・ラタンのデモには政治色はあまりなく、継続しておこなわれることもなかった。

五月二日、ナンテール校の活動家学生がホールで討議集会を予定したが、学部長はホールの使用を拒否した。怒った学生たちは階段教室に陣取って気勢をあげ、ナンテール校は閉鎖状態となった。翌日、ソルボンヌ校で学生たちがナンテール校の閉鎖に抗議する集会をひらき、五月革命の実質的なパリへの飛び火となった。

その後、学生たちはソルボンヌ広場にかぎらずパリのあちこちに集まるようになった。サン・ジェルマン・デ・プレ広場やバスティーユ広場、それにダンフェール・ロシュロー広場などである。

五月六日、サン・ジェルマン・デ・プレ広場には二万人近い学生が集まった。警官隊も陣容を強化し、双方の衝突はエスカレートした。学生らは歩道の敷石をつぎつぎと剥がしてバリケードをつくった。そして敷石は投石となって、警官隊を襲った。逃げまどう学生、放火されて炎上する車などがテレビ中継で放映された。事件は日本でも大きく報道され、わが国の学生運動にも影響を与えた。

いつの間にか、デモ隊のなかに労働者の姿が見られるようになった。そして反政府の大きなかたまりは、日を経るにつれて学生運動と労働運動の連携へと進展していった。高い失業率と不法移民がもたらす社会不安が背景にあったのはいうまでもない。

五月一五日、一〇〇〇人近くの学生たちはリュクサンブール宮前のオデオン座を占拠した。労組上層部の了解なしの学生たちの単独行動で、労組幹部を困惑させた。そんなことはどこ吹く風で、国立劇場はたちまち若い雄弁家らの演説会場になった。その後、メトロをはじめ金融機関や百貨店など至るところでストが続発し、パリはマヒ状態に陥った。

パリ市民にとって「五月は反抗の季節」とこの時期に留学していたフランス文学者は述懐しているが、たしかにパリ・コミューンの山場も五月だった。日本もそうだが、一年でいちばんよい気候であり、血も騒ぎやすいのかもしれない。

五月三〇日、ついにドゴールが動いた。まずパリに陸軍機甲部隊が配置された。ついでドゴールは閣議のあと、ラジオで国民に平静に戻るように呼びかけた。辞任表明はなく、勢いづいたドゴール派が政権擁護のデモ行進をおこなった。すかさず大統領選でドゴールに敗れた社会党指導者のミッテラン（一九一六〜九六年）が政権批判をぶった。

六月四日、銀行が業務を再開し、五日には一部のメトロが動いた。労働者の大半はすでに職場に戻っていた。かろうじて抵抗をつづけているのは学生のみとなった。一四日にはオデオン座に居座っていた学生が警官隊に排除され、一八日にはソルボンヌ校も警官隊の手に戻った。そして七月八日までにフランスのすべての占拠学生が学内から排除された。かくして若者たちのレジスタンスとフィスティバルに明け暮れた一か月は一人の死者もなく幕を閉じた。

戦後のフランス大統領が立案したパリの大建築物

一九六九年四月二七日、上院改革や地方分権化の国民投票に敗れたドゴールは即日辞任し、選挙を勝ち抜いた首相のポンピドゥー（一九一一〜七四年）が大統領に就任した。辞任から六か月後の一九七〇年一一月九日、ドゴールは七九歳でこの世を去った。ノートルダム大聖堂で追悼式という形で国葬が執りおこなわれた。

ドゴールの後継者として登場したポンピドゥーはパリの高等教育学院を出て、パンテオン近くのアンリ四世校で教べんをとっていたこともある。ポンピドゥーは大統領在任中、フランの一二・五％切り下げや拡大ＥＣの正式発足、第四次中東戦争などに直面するが、日本人になじみ深いのはレ・アールにそびえるポンピドゥー・センターであろう。

ポンピドゥーは新センターの完成を見ずに、大統領在任中の一九七四年四月二日、白血病で死去した。ジスカールデスタン（一九二六年〜）が大統領になって二年後の一九七七年一月三一日、新文化センターが完成した。着工に至るまでの前大統領の功績をたたえ、ポンピドゥー・センターと名づけられた。周囲の古い街並みをまったく無視した建築家レンゾ・ピアノ（一九三七年〜）らの奇抜な設計は激しい反発を呼ぶことになった。

傾斜がついた広場では週末、バラエティーに富んだパフォーマンス・アート、俗にいえば大

エリゼ宮近くに立つ
ポンピドゥー像

奇抜なデザインで反発
を呼んだポンピドゥー・
センター

シュリー橋のたもとにある
アラブ世界研究所

グラン・アルシェと呼ばれるデファンス新凱旋門

ルーヴル宮からベルシー河岸に移転したフランス財務省

ケ・ブランリー美術館の垂直庭園

道芸が見られる。センター右奥のカラフルで奇抜な自動人形の噴水も面白く、ここは筆者のお気に入りの場所でもある。猛反発を受けたところが、いつの間にか観光スポットになっている。そこにパリのしなやかさと、したたかさが感じられる。

一九七四年、ジスカールデスタン大統領はアラブ世界研究所の建設計画をあきらかにした。フランスとアラブ諸国二〇か国の共同事業で、八一年、サンジェルマン大通りに面するパリ大学理学部の隣接地に建設されることが決まった。同年、指名コンペでヌーヴェル（一九四五年〜）の案が採用された。一九八七年秋、シュリー橋のたもとにアラブ世界研究所がオープンしたが、最上階のテラスからの眺めがいい。

やがてデファンスのシンボルとして新しい凱旋門をつくる計画が浮上した。カルーゼル凱旋門からエトワール凱旋門、そしてデファンス新凱旋門をつなぐという雄大なパリ大動脈構想の一環で、設計コンペが実施されることになった。

一九八一年、ジスカールデスタン大統領はヴィレルヴァルという建築家の案を選んだ。ところが、この案は政変のあおりをくってボツとなった。

五月一〇日、ミッテランがジスカールデスタンを破って大統領に就任し、エリゼ宮へ迎えられた。社会主義者の大統領となっても、君主のような仰々しさに変化はなかった。予想されたようにミッテランは前政権の見直しに着手し、まずデファンス新凱旋門計画のやり直しを命じた。

翌年、あらためて国際コンペがおこなわれ、世界各国から四二四の応募が寄せられた。そのなかからデンマーク人建築家スプレケルセン（一九二九〜八七年）の案が選ばれた。デファンス新凱旋門は高さ一一〇メートル、奥行き一一二メートル、幅一〇八メートルの中空の四角い枠形という斬新なデザインであった。

第二帝政時代のオスマンを意識したのだろう、ミッテランはパリの大改造に乗り出した。なかでも力を入れたのは、遅れていた東部地区の開発促進であった。ミッテラン計画の目玉といえば、大ルーヴルの全面的な改装だが、これとても東部開発と連動していた。一一七年間にわたってルーヴル宮の北側翼の大部分を占めていた財務省を、都心からすこし離れた一二区のベルシー橋のたもとに移したのである。移転先は貨物駅の跡地で、セーヌ川にせり出した横長の建物はフランスの建築家シェメトフ（一九二八年〜）が設計した。

大ルーヴル改造計画のポイントは、ナポレオンの中庭をどう処理するかにあった。選ばれたのは中国系アメリカ人建築家ペイ（一九一七〜二〇一九年）の案で、ルーヴル宮の中庭に延べ五万平方メートルの地下空間をつくり、その採光のためにガラスのピラミッドを配するという大胆なアイデアであった。

一九八九年、バスティーユ広場に新オペラ座が誕生した。

二〇〇六年六月、エッフェル塔に近いセーヌ川沿いにアフリカやオセアニアなどの美術を集めたケ・ブランリー美術館がオープンした。建設を推進した大統領は、たびたび来日して日本人にも馴染みの深いシラク（一九三二年〜）であった。高床式ピロティに支えられて建つケ・ブランリー美術館は、ヌーヴェルの設計案が選ばれた。坂道をあがっていく感覚のアプローチは、野性味あふれる原始芸術へのぞくぞくする期待感を掻き立てる。

自然への回帰をコンセプトとするケ・ブランリー美術館は、その周辺にも見どころがある。セーヌ川に面した外壁を一万五〇〇〇本の植物で緑化した垂直庭園もその一つだ。植物アーティストとして知られるブラン（一九五三年〜）のデザインである。

シャルリー・エブド襲撃事件の現場

痛ましい事件であった。バスティーユ広場から歩いて一〇分ほどのニコラ・アペール通り一〇番地に、風刺週刊紙シャルリー・エブドの編集室が入るビルがあった。ビルの外壁には命を失った編集長らの似顔絵がかかげてある。日曜と木曜にひらかれるバスティーユのマルシェの端からすぐのところで、近くに保育所があった。

二〇一五年一月七日、イスラム過激派の実行犯二人によるシャルリー・エブド襲撃事件が発生した。この事件で同紙編集長のシャルボニエ（四七歳）や著名な漫画家のウォリンスキ（八〇歳）らが射殺されたほか、ビルの管理人と警官を合わせて一二人が犠牲となった。預言者ムハンマドの風刺画の掲載が発端で、犯人はアルジェリア移民の両親のもとでフランスに生まれた兄弟であった。

兄のサイド（三四歳）と弟のシェリフ（三二歳）はテロへの厳戒態勢が敷かれるなか、黒づくめの服装に目出し帽という風体であらわれ、白昼の凶行におよんだ。要注意人物として二人をマークしていたパリ警視庁は衝撃を受け、世界中の目がパリへ向けられた。「わたしはシャルリー」を合いことばに風刺週刊紙を擁護し、言論の自由を守ろうとする連帯の輪が広がった。その一方で許容度を超えた宗教への冒瀆を懸念する声も聞かれた。

筆者は見ていないが、ル・モンド紙は「フランスの9・11」という見出しをつけて大きく報じたという。いくらなんでもアメリカの同時多発テロとの比較は大袈裟すぎる。

事件当時の新聞記事にはいくつかの事実誤認があった。その後、丹念な取材のもとに制作されたNHK　BSプレミアム「アナザーストーリーズ　シャルリー・エブド襲撃事件」(二〇一八年四月一〇日放映)が秀逸であった。この番組を参考にしながら事件を振り返ってみたい。

一月七日午前一一時過ぎ、黒いクルマがビルの前で停まり、銃を手にした男二人がおりた。かれらは受付にいたビルの管理人に「シャルリーはどこだ」と尋ねた。同紙の編集室は三階にあったが、犯人たちは確認していなかった。返事を渋った管理人をいきなり射殺した二人組は、一気に四階へ駆けのぼり、「シャルリーはどこだ!」とわめき立てながら標的を探した。そのとき、編集長らは三階で編集会議のさなかであった。

午前一一時三〇分、標的を見つけた犯人は、不気味なほどに落ち着きを取り戻していた。二人組はゆっくりと編集長に狙いを定めて引き金をひいた。あっけに取られて茫然とする漫画家や編集者は、つぎつぎと撃たれた。外へ飛び出した犯人は、追跡しようとした警官も射殺して姿をくらました。テロリストの潜むパリは騒然となった。

犯行から一日おいた一月九日午前九時、犯人たちは銃を手にしてパリの北東四〇キロの印刷会社にあらわれた。指名手配中の犯人だとひと目でわかった経営者は従業員を奥へ隠れるように指示したあと、一人でテロリスト二人と向き合った。

午前一〇時、経営者の通報を受けて警官隊が建物を包囲した。経営者は懸命に自分を解放してほしいと懇願した。聞き入れられなかったが、決してあきらめなかった。コーヒーを出したり、会話をつづけたりしながら、かれらの気持ちを落ち着かせようとした。そしてかれはしばらく時間をおいてからもう一度、「ここから出たい」と口にした。意外にも弟のほうが「いいよ」とあっさり同意した。気がかりは奥に隠れた従業員だったが、犯人は気まぐれであり、かれは必死でその場を離れた。午後五時、二人組は銃撃戦の末、射殺され、従業員はぶじ救出さ

テロリストはビル3階のシャルリー・エブド編集室を襲った

ビル外壁には犠牲となった人たちの似顔絵が描かれてあった

れた。

同じ日、この兄弟の仲間のテロリスト（三二歳）がべつの場所で人質をとってユダヤ系食料品店に立て籠もり、警察隊に射殺された。

一月一一日、反テロの行進に多数のパリ市民が参加した。行進の出発地はレピュブリック広場で、四万近い人々が一帯を埋め尽くした。ドイツ首相のメルケル（一九五四年〜）と腕を組んで行進したフランス大統領のオランド（一九五四年〜）は、「ここパリは今日、世界の首都であり、フランスはかならず立ちあがる」と宣言した。

二〇一七年五月七日、三九歳のマクロン（一九七七年〜）が大統領選で勝利し、フランス史上、最年少の大統領が誕生した。

ネット時代の黄色いベスト運動

二〇一八年一一月一七日の土曜日、フランス各地で三々五々人々が集まり始めた。低所得者層のかれらはＳＮＳの呼びかけに応じて、自発的にそれぞれの指定された場所にやってきた。パリの場合、大衆運動の集会場所としてよく利用されていたのはレピュブリック広場だった。そしてデモ隊の標的になりやすいのが大統領官邸のエリゼ宮や首相官邸のマティニョン館だった。

仲間や家族と一緒の人もいたが、デモ参加者の多くは初対面で、性別や年齢、職業や住む街もバラバラだった。かれらを結ぶ共通点が二つあった。一つは、マクロン大統領が打ち出した痛みをともなう経済改革への反発である。とくに家計をもろに直撃する二〇一九年一月から実施するとしたガソリン・軽油税の引き上げがきっかけとなった。

もう一つは、参加者がそろって黄色いベスト（ジレ・ジョーヌ）を着て団結をアピールした点だ。争点のわかりやすさに加えて、だれもがかんたんに用意できるユニフォームを思いついた着眼点に注目したい。いずれにしても、この運動の形態はネット時代の新潮流といってよい。

フランスでは、自家用車などの車両に蛍光色の安全ベストを備えておくのが義務となっている。事故といったアクシデントに遭遇した際、身に着けるためで、すべてのドライバーが所持している。これには、たやすく国民の相当数を巻き込みやすい連帯のシンボルとしての威力が秘められているのだ。

ネットでつながった一一月一七日の最初の抗議デモにフランス全土で二八万七〇〇〇人が参加した。初日というのに抗議集会はあわせて二〇三四か所におよんだ。動員された人数も、広範囲におよんだ集会の場所も、これまでは想像すらできなかった驚くべき数字である。にもかかわらず、これまで大衆動員に主導的な役割を担ってきた政党や労働組合、学生らの出番はなかった。リーダーはもちろん、司令塔の存在すらはっきりしないのだ。

抗議のスタイルはまちまちで、道路や交差点の周辺に座り込んで交通を妨害したり、高速道路の料金所や燃料貯蔵所に押しかけたりしたところもあった。交通をマヒさせる戦術は比較的容易なうえ、社会に与えるダメージが大きい。当然、一般のドライバーとのトラブルも生じやすい。実際、デモ隊の交通遮断を突破しようとして事故を起こし、命を落としたドライバーもいた。以来、マクロン政権は毎週土曜にフランス各地でつづく反政府運動の対応に苦慮することになる。

大胆な改革を実行できる勇気ある大統領として二〇一七年五月七日、マクロンは華々しく登場した。支持率は六〇パーセントを超えてまずまずのスタートであった。法人減税や国鉄改革法案、労働者を解雇しやすくする労働法改革法案などをつぎつぎとクリアし、抵抗勢力に屈しない姿勢はとりわけ都市住民からそれなりの評価を得ていた。

マクロンが掲げたガソリンや軽油の燃料費の増税にはかれなりの戦略があった。電気自動車部門の国際競争力強化である。つまり燃料税アップはマクロン政権が重視する環境政策の一環であるうえ、自動車産業のバックアップでもあった。エコカーが次世代産業であるのはだれの目にもあきらかで、フランス車が国際市場で優位に立つためのまっとうな政策であったのはたしかだ。

ガソリン税は一リットルあたり約四円、軽油は約八円のアップだった。その代わりに政府はエコカーに買い替える国民に補助金を出すことを決めた。だが、グランゼコール出身の元財務官僚マクロンはやはり超エリートで、庶民感覚、とくに地方の事情に疎かった。パリのように交通機関の発達していない地方では、車は生活の必需品であった。また、いくらエコカーの買い替えに補助金が出るといわれても、すぐに買い替え資金を用意できる人は限られていた。

それに一連のマクロン政策は、富裕層のためのものという印象を国民の多くに植えつけてし

仮面をつけて参加する
人もいた

「マクロン辞任」のプラ
カードを持つ女性

大統領官邸の
エリゼ宮

大統領官邸に通じる
道路は遮断された
（2018年12月1日）

オペラ座周辺は不穏
な空気に包まれてい
た（2018年12月1日）

高級カフェ「フーケッツ」

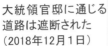

まった。どんどんと下がった支持率が三〇パーセントを切った二〇一八年一〇月中旬、フランス西部の農村に住む中年女性はフェースブックで「マクロン大統領、もうドライバーを追い込まないで」と訴えた。これが黄色いベスト運動の導火線となった。ネットには燃料税引きあげに抗議する投稿があふれ、署名運動も始まった。すかさず政府は家計の燃料費を補助する政策を発表した。反対勢力への最初の譲歩であったが、以後、小出しの譲歩がマクロン政権を追いつめていく。ポピュリズムに乗って大統領の地位を得たマクロンは、いずれポピュリズムに振りまわされる宿命にあったともいえよう。

二〇一八年一二月一日、土曜日。久し振りにパリへ来ていた筆者はこの日の朝、オペラ座近くの大通りで黄色いベストを着た集団に出会った。そのうちの一人は帽子もズボンも黄色のいで立ちのうえ、ヒゲのついた白塗りの仮面をつけていた。向かったのは、大衆運動の集会場所としてよく利用されているレピュブリック広場だった。

夕刻、黄色いベストの一部はエトワール凱旋門で暴れた。貴重な世界文化遺産を傷つけるかれらの行動は一線を越えていた。それでも世論調査の七〇%はかれらを支持していた。この市民感情をどう説明したらよいのか。

二〇一九年三月一六日、シャンゼリゼ大通りで黄色いベスト運動参加者の一部が暴れ、一八九九年に創業された高級カフェ「フーケッツ」など八〇か所が被害に遭った。ハンマーを持った男らによって高価な商品が略奪された店舗もあった。デモ隊の暴徒化という面は否定できないが、相当数はプロの盗人がデモ隊になりすまして紛れ込んでいたと思われる。

「フーケッツ」はトレードマークのワインレッドのひさしに放火された。サルコジ（一九五五年〜）が二〇〇七年五月六日、大統領選で勝ったとき、ここで祝賀パーティーをひらいた。テラス席ではエトワール凱旋門を眺めながらくつろげる。この日、マクロン大統領はピレネー山脈でスキーを楽しんでいた。大統領にとってはささやかな息抜きなのだろうが、そう思わない人々もいる。そういうところはアントワネットの時代とすこしも変わらないのである。なお、二〇一九年六月二二日のフランス全土における黄色いベスト運動参加者は一万一八〇〇人と減少した。

ノートルダム大聖堂の火災

二〇一九年四月一五日の夕方、ノートルダムではミサがおこなわれていた。午後六時一五分、突然、けたたましくアラームが鳴り響き、フランス語と英語による緊急避難を呼びかける自動メッセージが流れた。警備員がただちにアラームの表示した屋根付近を調べたが、異常はなかったという。この時点で出火に気づけば、被害もいくらかおさえられたはずで悔やまれる。六時四三分、ふたたびアラームが鳴り、ようやく警備員が尖塔を支える屋根の木造の骨格部分が燃えているのを発見した。だが、すでに火は燃えさかり、警備員ではどうしようもない状態であった。高さ九六メートルの尖塔や全長一〇〇メートルの屋根が消失した。

出火原因は電気ショートか、たばこの不始末か。ノートルダム大聖堂では二〇一八年から尖

焼け落ちたノートルダム大聖堂の尖塔

大聖堂のバラ窓も助かった

ぶじだった大聖堂のピエタ

塔を中心に一三〇〇本ほどの木材などで足場が組まれ、大規模な改修工事がおこなわれていた。さらに移動用のエレベーターが設置されていた。そのエレベーターで電気シュートが生じたのか。修理工事の作業員が禁じられているたばこを吸ったのか。いずれにしても文化財の防火対策は、各国ともに万全な対策を求められている。

さいわいにも初期ゴシック建築の粋を集めた大聖堂はパリ消防庁の決死の消火作業によって倒壊から守られた。屋根の高さが四〇メートル以上もあって、奥行きが一三〇メートルという大聖堂が八時間以上も燃えつづけながら持ちこたえたのである。祭壇も南と北のバラ窓も、そしてパイプオルガンも、「キリストのいばらの冠」のある宝物殿も大きな被害を免れた。

また、尖塔の先端に取りつけられていた風見鶏の銅像も見つかった。炎に包まれたら溶けてしまうところだった。パリ市民のお守りのような像だけに、これも不幸中の幸いであった。奇跡の風見鶏はパリ伝説として語り継がれていくのだろう。

あとがき

相性のいい街、よくない街というのがあるようで、パリという相性のいい街と出会ったのはラッキーだった。大学の卒業論文にイギリス一七世紀の政治思想家ロックを選んだのでロンドンには早くから関心があったが、ロックが足を踏み入れているにもかかわらずパリにはさほど惹かれなかった。

さいわい新聞社に入ってからパリに興味をいだくきっかけを得た。一九八〇年代に森英恵さんと浅利慶太氏の対談の司会を担当し、終わったあとに原宿のハナエ・モリビルのレストランで食事する機会があった。原宿のシャンゼリゼを模した大通りにあった瀟洒なビルはもうないが、そこでパリの話を聞けたのは、いま思えば貴重なひとときであった。

その直後、パリへ取材で行った際、モンテーニュ通りの高級ブティック街にあった「ハナエ・モリ」のメゾンに立ち寄った。もうメゾンはないが、入居していた建物は残っている。昨年、三〇年ぶりにその場所へ行ったところ、隣のシャンゼリゼ劇場の古株社員が近づいて来て当時の様子を話してくれた。

重厚なロンドンも好きだが、華麗なパリにはいつ来ても心がはずむ。

ロンドンからパリに入った岩倉使節団の久米邦武は「黒霧」の都から「天堂」の都へ来たと

表現し、二つの首都のあまりのちがいに驚いている。永井荷風も「真っ黒にくすぶったロンドンから突然あかるく賑やかなパリに来たときの気持ちは、湿った森を抜けて陽の照る花園を見たよりも鮮烈であった」と久米と同じ感想を述べている。

まったくその通りだと思う。昔、ロンドンのホテルで朝食のパンのまずさに閉口した。それから何日かしてパリの小さなホテルでフランスパンを口にしたときは気分まで晴れやかになった。もっとも、元ロンドン支局長の同僚に「よほど安宿に泊まったんだね」とからかわれはしたが。

それにしてもパリは運のいい街だ。第一にパリはローマ軍団の侵攻以来、何回も外国勢に占拠されたにもかかわらず、焼き討ちに遭うこともなかった。とくに奇跡的と思えるのは第二次世界大戦で破壊を免れた点だ。ベルリンや東京の惨状と比べるとき、パリは幸運の女神にどれほどひいきにされたかがわかる。

パリは油断のならない街でもある。これまで数回スリに狙われたが、男だけに注意していては危ない。鵜の目鷹の目で徘徊する女集団の横行は日本ではとても考えられない。あれほどの美女たちがスリに走るとは、パリは魔界めいた不思議な街といえよう。

それでもパリに失望しないのは、やはりこの街の人々のあたたかさにふれてきたからだ。日本はおもてなしの国といわれるが、フランス人の親切心は日本人以上と感じることもしばしばあった。「パリは異邦人に冷たい街」という人もいるけれど、道案内でずいぶん助けられた。立ち止まって地図を広げていると、もう駆け寄ってきてくれるのだ。

ひるがえって東京はどうだろう。日本人もためらわずに、もっと積極的に不慣れな外国人を手助けしてもよいと思う。

「百聞は一見にしかず」と、パリをこれまでやみくもに歩いてきた。だが、百聞なしにはパリを理解できない。本書執筆にあたっては、関連書を手当たり次第に読んだ。以前、作家の宮尾登美子さんから「一行を書くのに何冊も本を読むこともあります」と聞いたことがある。たしかに一つの事柄を確認するために何冊も目を通さなければならないときもあった。

パリ二〇〇〇年の歴史をたどるのだから当たり前だが、とにかくパリ関連本は発行点数が多い。訳書の数もたぶん世界一にちがいない。裏返せば、それだけパリという街は日本人にとって魅力があるのだ。本書は先人の著作なしには書けなかった。あらためて感謝したい。巻末にそれらの文献を載せたが、スペースの都合でかなり割愛したことをおことわりしておきたい。

二〇一九（令和元）年八月

大島　信三

【主な参考文献】

堀井敏夫著『パリ史の裏通り』白水社、一九八四年
H・R・ロットマン著、天野恒雄訳『セーヌ左岸――フランスの作家・芸術家および政治人民戦線から冷戦まで』みすず書房、一九八五年
菊盛英夫著『知られざるパリ』岩波書店、一九八五年
本城靖久著『十八世紀　パリの明暗』新潮選書、一九八五年
メルシエ著、原宏編訳『十八世紀パリ生活誌――タブロー・ド・パリ』上下二巻、岩波文庫、一九八九年
鹿島茂著『馬車が買いたい！　19世紀パリ・イマジネール』白水社、一九九〇年
村上光彦著『パリの誘惑――魅せられた異邦人』講談社現代新書、一九九二年
木村尚三郎著『世界の都市の物語1　パリ』文藝春秋、一九九二年
鹿島茂著『絶景、パリ万国博覧会――サン=シモンの鉄の夢』河出書房新社、一九九二年
海野弘著『パリ　都市の詩学』河出書房新社、一九九六年
石井洋二郎著『パリ――都市の記憶を探る』ちくま新書、一九九七年
饗庭孝男編『パリ　歴史の風景』山川出版社、一九九七年
アンドレ・ヴァルノ著、北澤真木訳『パリ風俗史』講談社学術文庫、一九九九年
ジャン・ロベール・ピット編、木村尚三郎監訳『パリ歴史地図』東京書籍、二〇〇〇年
イヴァン・コンボー著、小林茂訳『パリの歴史』白水社文庫クセジュ、二〇〇二年
ピエール・ラヴダン著、土居義岳訳『パリ都市計画の歴史』中央公論美術出版、二〇〇二年
ヴェロニック・ヴァスール著、青木広親訳『パリ・サンテ刑務所――主任女医7年間の記録』集英社、二〇〇二年

ジャネット・フラナー著、吉岡晶子訳『パリ点描――1925―1939』講談社学術文庫、二〇〇三年
ジュヌヴィエーヴ・ブレスク著、高階秀爾監修、遠藤ゆかり訳『ルーヴル美術館の歴史』創元社、二〇〇四年
中村浩著『ぶらりあるき　パリの博物館』芙蓉書房出版、二〇〇五年
渡辺守章著『パリ感覚』岩波現代文庫、二〇〇六年
高澤紀恵著『近世パリに生きる――ソシアビリテと秩序』岩波書店、二〇〇八年
喜安朗著『パリ　都市統治の近代』岩波新書、二〇〇九年
鹿島茂著『パリの秘密』中公文庫、二〇一〇年
ペルーズ・ド・モンクロ著、三宅理一監訳『芸術の都　パリ大図鑑　建築・美術・デザイン・歴史』西村書店、二〇一二年
ロジェ・グルニエ著、宮下志朗訳『パリはわが町』みすず書房、二〇一六年
＊
ウィリアム・シャイラー著、井上勇訳『フランス第三共和制の興亡――1940年＝フランス没落の探究1』東京創元社、一九七一年
内山敏著『フランス現代史』岩波新書、一九五八年
ポール・ブージュ／アンリ・デュボワ著、上村正訳『フランス現代史』白水社、一九五三年
海原峻著『フランス現代史』平凡社選書、一九七四年
河野健二著『フランス現代史』山川出版社、一九七七年
マリエル・シュヴァリエ／ギヨーム・ブレル監修、福井憲彦監訳、遠藤ゆかり／藤田真利子訳『世界の教科書シリーズ30　フランスの歴史〔近現代史〕――フランス高校歴史教科書　19世紀中頃から現代まで』明石書店、二〇一一年

杉本淑彦／竹中幸史編著『教養のフランス近現代史』ミネルヴァ書房、二〇一五年
剣持久木編著『よくわかるフランス近現代史』ミネルヴァ書房、二〇一八年
小田中直樹『フランス現代史』岩波新書、二〇一八年

＊

佐藤彰一著『カール大帝――ヨーロッパの父』山川出版社、二〇一三年
ホルスト・ブレーデカンプ著、原研二訳『泳ぐ権力者――カール大帝と形象政治』産業図書、二〇一六年
アラン・サン＝ドニ著、福本直之『聖王ルイの世紀』白水社文庫クセジュ、二〇〇四年
戸張則子著『ブルボン家の落日――ヴェルサイユの憂愁』人文書院、一九九一年
フランソワ・バイルー著、幸田礼雅訳『アンリ四世――自由を求めた王』新評論、二〇〇〇年
ユベール・メチヴィエ著、前川貞次郎訳『ルイ十四世』白水社文庫クセジュ、一九五五年
ピーター・バーク著、石井三記訳『ルイ14世――作られる太陽王』名古屋大学出版会、二〇〇四年
G・P・グーチ著、林健太郎訳『ルイ十五世――ブルボン王朝の衰亡』中央公論社、一九九四年
長谷川輝夫『聖なる王権　ブルボン家』講談社選書メチエ、二〇〇二年
ジャン・クリスチャン・プティフィス著、小倉孝誠監修、玉田敦子／橋本順一／坂口哲啓／真部清孝訳『ルイ十六世』上下二巻、中央公論新社、二〇〇八年
シュテファン・ツワイク著、高橋禎二／秋山英夫訳『マリー・アントワネット』上下二冊、岩波文庫、一九八〇年
デボラ・キャドベリー著、櫻井郁恵訳『ルイ十七世の謎と母マリー・アントワネット――革命、復讐、DNAの真実』近代文芸社、二〇〇四年
川島ルミ子著『マリー・アントワネットと悲運の王子』講談社、二〇〇四年
安達正勝著『マリー・アントワネット――フランス革命と対決した王妃』中公新書、二〇一四年

中野京子著『美術品でたどるマリー・アントワネットの生涯』NHK出版、二〇一六年
ジョージ・リューデ著、前川貞次郎／野口名隆／服部春彦訳『フランス革命と群衆』ミネルヴァ書房、一九六三年
ガリーナ・セレブリャコワ著、西本昭治訳『フランス革命期の女たち』岩波新書、上下二冊、一九七三年
桑原武夫責任編集『世界の歴史10　フランス革命とナポレオン』中公文庫、一九七五年
井上幸治著『ロベスピエールとフランス革命』誠文堂新光社、一九八一年
柴田三千雄著『パリのフランス革命』東京大学出版会、一九八八年
河野健二・樋口謹一著『世界の歴史15　フランス革命』河出書房新社、一九八九年
多木浩二著『絵で見るフランス革命――イメージの政治学』岩波新書、一九八九年
フェリックス・コクロー著、酒井傳六訳『ナポレオン発掘記』法政大学出版局、一九八二年
ジョルジュ・ルノートル著、大塚幸男訳『ナポレオン秘話』白水Uブックス、一九九一年
本池立著『ナポレオン――革命と戦争』世界書院、一九九二年
鈴木杜幾子著『ナポレオン伝説の形成――フランス19世紀美術のもう一つの顔』筑摩書房、一九九四年
山上正太郎著『ナポレオン・ボナパルト』社会思想社、一九九四年
両角良彦著『セント・ヘレナ落日――ナポレオン遠島始末〈新版〉』朝日選書、一九九四年
高木良男著『ナポレオンとタレイラン』上下二巻、中央公論社、一九九七年
アラン・ドゥコー著、小宮正弘訳『ナポレオンの母――レティツィアの生涯』潮出版社、一九九九年
杉本淑彦著『ナポレオン伝説とパリ――記憶史への挑戦』山川出版社、二〇〇二年
ジェフリー・エリス著、杉本淑彦／中山俊訳『ナポレオン帝国』岩波書店、二〇〇八年
塚本哲也著『マリー・ルイーゼ――ナポレオンの皇妃からパルマ公国女王へ』文藝春秋、二〇〇六年
シュテファン・ツワイク著、高橋禎二／秋山英夫訳『ジョゼフ・フーシェ――ある政治的人間の肖像』岩

波文庫、一九七九年
鹿島茂『ナポレオン　フーシェ　タレーラン――情念戦争１７８９―１８１５』講談社学術文庫、二〇〇九年
アリステア・ホーン著、大久保庸子訳『ナポレオン時代――英雄は何を遺したか』中公新書、二〇一七年
杉本淑彦著『ナポレオン――最後の専制君主、最初の近代政治家』岩波新書、二〇一八年
野村啓介著『ナポレオン四代――二人のフランス皇帝と悲運の後継者たち』中公新書、二〇一九年
井上幸治編『世界の歴史12　ブルジョワの世紀』中公文庫、一九七五年
窪田般彌著『皇妃ウージェニー――第二帝政の栄光と没落』白水社、一九九一年
木下賢一著『第二帝政とパリ民衆の世界――「進歩」と「伝統」のはざまで』山川出版社、二〇〇〇年
カール・マルクス著、植村邦彦訳『ルイ・ボナパルトのブリュメール18日〔初版〕』平凡社、二〇〇八年
大佛次郎著『パリ燃ゆ』全四冊、朝日新聞社、一九七五年
本庄桂輔著『サラ・ベルナールの一生』新潮社、一九七〇年
高橋洋一著『ベル・エポックの肖像――サラ・ベルナールとその時代』小学館、二〇〇六年
マッシモ・グリッランディ著、秋本典子訳『マタハリ』中央公論社、一九八六年
サム・ワーヘナー著、井上篤夫訳『マタ・ハリ伝――１００年目の真実』えにし書房、二〇一七年
海原峻著『フランス人民戦線』中公新書、一九六七年
アンリ・ミシェル著、淡徳三郎訳『レジスタンスの歴史』白水社、一九五一年
マティラ・サイモン著、関口英男訳『ルーヴルの戦い――フランス美術はいかにしてナチの手から守られたか』徳間書店、一九七三年
アンリ・ミシェル著、中島昭和訳『自由フランスの歴史』白水社文庫クセジュ、一九七四年
アンリ・ミシェル著、長谷川公昭訳『ヴィシー政権』白水社文庫クセジュ、一九七九年

ゲルハルト・ヘラー著、大久保敏彦訳『占領下のパリ文化人――反ナチ検閲官ヘラーの記録』白水社、一九八三年
エマニュエル・ダスティエ著、井上堯裕編訳『ドキュメンタリー・フランス史　パリは解放された』白水社、一九八五年
長谷川公昭著『ナチ占領下のパリ』草思社、一九八六年
ジャン・デフラーヌ著、長谷川公昭訳『ドイツ軍占領下のフランス』白水社、一九八八年
大崎正二著『パリ、戦時下の風景』西田書店、一九九三年
渡辺和行著『ナチ占領下のフランス――沈黙・抵抗・協力』講談社選書メチエ、一九九四年
アルノ・ブレーカー著、高橋洋一訳『パリとヒトラーと私――ナチスの彫刻家の回想』中央公論新社、二〇一一年

＊

久米邦武編『特命全権大使　米欧回覧実記（三）』岩波文庫、一九七九年
井田進也著『中江兆民のフランス』岩波書店、一九八七年
富田仁著『岩倉使節団のパリ――山田顕義と木戸孝允　その点と線の軌跡』翰林書房、一九九七年
井田進也校注『幕末維新パリ見聞記――成島柳北「航西日乗」・栗本鋤雲「暁窓追録」』岩波文庫、二〇〇九年
山口昌子著『パリの福澤諭吉――謎の肖像写真をたずねて』中央公論新社、二〇一六年
大杉栄著、飛鳥井雅道校訂『自叙伝・日本脱出記』岩波文庫、一九七一年
山本順二著『漱石のパリ日記――ベル・エポックの一週間』彩流社、二〇一三年
井上理恵著『川上音二郎と貞奴――明治の演劇はじまる』社会評論社、二〇一五年
永井荷風著『ふらんす物語』新潮文庫、一九五一年

河盛好蔵著『藤村のパリ』新潮社、一九九七年
小倉和夫著『パリの周恩来――中国革命家の西欧体験』中公叢書、一九九二年

＊

アレクザンダー・ワース著、内山敏訳『ドゴール』紀伊國屋書店、一九六七年
西川長夫著『決定版　パリ五月革命私論――転換点としての１９６８年』平凡社、二〇一八年
ミシェル・ヴィノック著、大嶋厚訳『ミッテラン――カトリック少年から社会主義者の大統領へ』吉田書店、二〇一六年
田辺保著『フランス　歴史の旅――モンマルトルからサント・マリーへ』朝日選書、一九九〇年
柴田三千雄／樺山紘一／福井憲彦編『フランス史１――先史～15世紀』山川出版社、一九九五年
柴田三千雄／樺山紘一／福井憲彦編『フランス史２――16世紀～19世紀なかば』山川出版社、一九九六年
柴田三千雄／樺山紘一／福井憲彦編『フランス史３――19世紀なかば～現在』山川出版社、一九九五年
柴田三千雄著『フランス10講』岩波新書、二〇〇六年
ミシェル・ヴィノック著、大嶋厚訳『フランスの肖像――歴史・政治・思想』吉田書店、二〇一四年
宮島喬著『フランスを問う――国民、市民、移民』人文書院、二〇一七年
尾上修悟著『「社会分裂」に向かうフランス』明石書店、二〇一八年

著者

大島 信三（おおしま しんぞう）
昭和17年、新潟県生まれ。早稲田大学教育学部卒。同39年、産経新聞社に入社。千葉支局を振り出しに新聞と雑誌の両部門で政治や国際問題、文化全般の取材、インタビュー、編集に携わった。『週刊サンケイ』編集長、『新しい住まいの設計』編集長、特集部編集委員、『正論』編集長、編集局編集委員、特別記者を経て平成21年退社。特集部編集委員のときにヨーロッパの都市再開発を取材し、記者としてパリを観察。その後はフランス史やパリ関連の書籍をひもときながらフリージャーナリストとしてパリの街歩きをつづけてきた。著書に『異形国家をつくった男――キム・イルソンの生涯と負の遺産』、『宮尾登美子　遅咲きの人生』、『ダライ・ラマとチベット――1500年の関係史』（いずれも芙蓉書房出版）がある。日本記者クラブ会員。

パリ2000年の歴史を歩く
―花の都を彩った主役たちの人間模様―

2019年 9月20日　第1刷発行

著 者
大島《おおしま》 信三《しんぞう》

発行所
㈱芙蓉書房出版
（代表 平澤公裕）
〒113-0033東京都文京区本郷3-3-13
TEL 03-3813-4466　FAX 03-3813-4615
http://www.fuyoshobo.co.jp

印刷・製本／モリモト印刷

ISBN978-4-8295-0771-1